오슨 웰스

일러두기

- 한글 표기를 원칙으로 하되, 필요에 따라 외국어와 한자를 병기하였다.
- 한글 맞춤법은 '한글 맞춤법' 및 '표준어 규정' (1988), '표준어 모음' (1990) 을 적용하였으나 혼란이 있는 경우는 출판사의 원칙을 따랐다.
- 외래어의 우리말 표기는 개정된 '외래어 표기법' (1986) 을 원칙으로 하되, 그 중 일부는 현지 발음에 따랐다.
- 사용된 기호는 다음과 같다.

  영화, 논문 등: 〈　〉

  책이름: 《　》

오슨 웰스

홍성남 엮음

한나래

오슨 웰스

엮은이 / 홍성남
펴낸이 / 한기철
편집장 / 이리라 · 편집 / 신소영 · 디자인 / 김민정

2001년 8월 25일 1판 1쇄 박음
2001년 9월 5일 1판 1쇄 펴냄

펴낸 곳 / 도서 출판 한나래
등록 / 1991. 2. 25. 제22 - 80호
주소 / 서울시 마포구 신수동 448 - 6
전화 / 02) 701 - 7385 · 팩스 / 02) 701 - 8475 · e - mail / hanbook@chollian.net
www.hannarae.net

필름 출력 / DTP HOUSE · 인쇄 / 상지사 · 제책 / 성용제책
공급처 / 한국출판협동조합 [전화: 02) 716 - 5616, 팩스: 02) 716 - 2995]

© 홍성남, 2001
published by Hannarae Publishing Co.
Printed in Seoul.

오슨 웰스 / 홍성남 엮음.
　서울: 한나래, 2001.
　174p. : 22.5cm (한나래 시네마 시리즈, 19)

KDC: 688.15
DDC: 791.430233
ISBN: 89 - 85367 - 91 - 3 94680

　1. Welles, Orson. 1915~85　2. Motion picture — production and direction —
United States. I. 홍성남

차례

머리말

"D. W. 그리피스 이래로 영화 감독 지망생들을 가장 자극한 감독이 바로 오슨 웰스이다."

위의 마틴 스콜세지의 언급을 굳이 인용하지 않더라도 오슨 웰스는 영화를 사랑하는 사람, 영화를 공부하는 사람, 그리고 영화를 만들려고 하는 사람에게 꼭 거쳐가야 할 일종의 '관문' 역할을 하는 존재임은 누구나 동의하고 있는 사실이다. 그런데 이 지점에서 우리는 스스로에게 의문을 던진다. 이미 낯설게 느껴지지 않는 오슨 웰스에 대해 우리는 과연 얼마나 알고 있으며 또 얼마나 이해하고 있는 것일까? 우리가 안다는 것은 그저 영화사의 한 시기를 연 영화 〈시민 케인〉의 감독, 또는 특히 한국의 올드 팬들의 가슴에 아련히 남아 있는 '추억의 영화' 〈제3의 사나이〉에 출연한 배우라는 지극히 단편적인 지식은 아닐

까? 어쩌면 이것이 당연한 것은 사실 우리에겐 한 번도 '웰스의 세계'가 제대로 소개된 적이 거의 없었기 때문이다. 〈시민 케인〉을 비롯한 웰스의 영화들이 우리에게 온전히 공개된 적도 거의 없었고 그렇기 때문에 그에 대한 본격적인 비평서도 당연히 접할 기회가 거의 없었다. 한 위대한 시네아스트가 건설한 풍요로운 세계를 아직까지도 외면하고 있었던 것이다.

주지하다시피 오슨 웰스는 〈시민 케인〉이라는 걸출한 데뷔작 하나로도 영화사에 길이 남을 인물이다. 하지만 그가 그 영화에서 보여 준 대담한 '혁신'이란 것은 오히려 제작사 측에서 볼 때는 감당할 수 없는 '실수'를 저지른 것이었다. 웰스는 이후로 제작사의 과도한 간섭이나 어려운 제작 여건이란 엄청난 중압감을 고투하면서 영화를 만들어 나갈 수밖에 없었다. 그렇다고 해서 〈시민 케

인〉혹은 그 후속작 〈위대한 앰버슨 가〉 이후 그의 영화들이
비평적으로 중요하지 않다거나 작품상으로 떨어진 작품들은
결코 아니었다. 프랑수아 트뤼포 같은 이는 '현실'로부터 자
유롭지 못한 웰스의 처지를 노예에 비유했다. 하지만 그에
따르면 그 노예는 자신이 쇠사슬에 묶여 있는지조차 알지 못
하는 그런 무지한 노예가 아니라 어느 날 밤 그 쇠사슬을 끊
고 탈출할 노예, 그래서 현실을 승화하는 '노래'의 힘으로 스
스로 해방될 노예였다. 트뤼포는 그 노예를 '시인'이라고 불
렀다.

그처럼 매우 드라마틱한 오슨 웰스의 세계에 비평적으
로 다가간다는 것은 단지 그 세계를 개괄해서 보는 것일 뿐
만 아니라 미국과 세계의 영화 역사에 접근하는 세심한 길잡
이를 찾는 것이다. 이 책이 그런 역할을 해 주길 바라는 마음
은 간절하지만 몇몇 평자들의 분산된 시선을 한 책에 모아

놓은 것만으로 길라잡이가 되기엔 우리의 욕심이 너무 크단 사실도 물론 알고 있다. 그럼에도 이 책이 국내의 영화사 책 속에서 극히 단편적으로만 모습을 드러내고 있는, 어둠 속에 가려진 오슨 웰스의 세계를 더 빛나게 해 주리라 확신한다. 독자들의 많은 성원과 아낌없는 질정 바란다.

홍성남

아스라한 신화의 흔적들 ─ 오슨 웰스의 세계

오슨 웰스에 대해서 말할 때 어디에서부터 시작하는 것이 좋을까? 먼저 그에 대한 기본적인 정보를 떠올려 보자. 그는 아마도 영화사상 가장 자주 언급되는 작가 가운데 한 사람임에 틀림없다. 그가 25세 때 만든 〈시민 케인〉은 아직도 영화사상 최고의 걸작으로 꼽히고(영화광들의 시대인 1960년대에 많은 젊은이들은 20대에 걸작을 만들어야 한다는 강박 관념에 사로잡혔다. 이를 '시민 케인 증후군'이라 부를 수 있을 것이다), 전 경력을 통해 할리우드의 사악한 스튜디오 두목들을 상대로 힘겨운 투쟁을 벌였다는 것을 모르는 사람은 거의 없다. 그가 돈에 눈이 먼 제작자들 때문에 미국 내에서는 영화 작업을 벌일 수 없어 1950년대부터 유럽을 떠돌면서 배우로 출연해 번 돈을 써 가면서 영화를 만들었다는 것도 '투쟁하는 예술가'의 낭만적 아우라를 그에게 부여해 준다(과연 그러고 보면 그를 최초의 인디펜던트 영화 감독이라 해도 틀린 말이 아닐 것이다). 하지만 그에 대한 이러한 상투적인 견해들을 나열하는 것은 그리 소득이 클 것 같지 않다. 무엇보다도 그의 작품, 그리고 나아가서는 그의 삶 자체가 이러한 쉬운 정식화를 거부하기 때문이다. 그의 작품과 삶은 삶과 동떨어진, 닫힌 '예술'에 대한 엄청난 거부를 담은 것으로 보인다. 말년에 그가

---

* 이 글은 〈필름 컬처〉 1호(1998. 5)에 실렸던 것을 재수록한 것이다.

자신을 대가로 취급하는 것에 대해 심한 부담감과 경멸을 드러냈다는 사실은 이를 잘 입증해 준다.

과연 웰스는 '신동'이며 '고독한 예술가'였을까? 지금까지 발간된 그의 전기들은 어느 것도 그의 재능을 의심하지 않는다. 그가 할리우드로 오기 전에 이미 연극과 라디오에서 어느 누구도 능가하기 어려운 성취를 달성했다는 것을 감안하면 그의 재능은 아무래도 천부적인 것으로 보인다. 조나단 로젠봄이 지적한 대로 지금까지 웰스의 예술가로서의 삶을 보는 데에는 크게 두 개의 관점이 존재한다.[1] 첫번째는 그가 자신의 재능을 충분히 개화시키지 못했다는 것이다. 그 눈부신 출발에도 불구하고 충분히 성숙한 모습을 끝내 보여 주지 못하고 말았다는 것이다. 두 번째 견해는 그가 모든 장애에도 불구하고 꾸준히 자신의 세계관을 작품 속에서 잘 구현해 냈다는 것이다. 그는 다소 질적인 편차를 보여 주긴 하지만 점차 대가로서의 성숙을 보여 주었다는 것이다.

오슨 웰스의 캐릭터에 '저주받은 예술가'로서의 신화를 부여해 준 것은 사실 이 첫번째 관점이다. 재능에도 불구하고 자기 중심적이고 변덕스러운 성격 탓에 제도권 영화계

---

1. Jonathan Rosenbaum, "Battle over Orson Welles," in *Cineaste*, vol. xxii, no. 3, 1996.

〈시민 케인〉

로부터 버림받을 수밖에 없었다는 것이다. 이 입장에 있는 사람들에게는 그는 전혀 길들일 수 없는 성격의 소유자였다. 게다가 그는 〈시민 케인〉 이후로는 한번도 영화를 정해진 기간 내에 완성시키지 못한 것으로 유명하다. 그는 편집 등 후반 작업 단계에 시간을 많이 잡아먹은 것으로 유명한데, 그럴 때마다 제작자들은 그의 무절제함을 탓하면서 편집권을 빼앗아 버리거나 아니면 그의 편집판을 마구 잘라 냈다. 찰스 히검 같은 비평가는 이를 '완성에 대한 불안 *fear of completion*'이라 부르면서 그의 심층 심리에 〈시민 케인〉의 성공에 부응하는 작품을 만들지 못하면 어떻게 하나 하는 불안이 있었다고 지적한다.[2] 하지만 이런 관점들은 사실 애초에 RKO사가 점차 웰스를 버거운 존재로 느끼기 시작하면서 퍼트린 소문에 근거해 시작되었다. 그를 빨리 제거해야 할 필요를 느꼈던 수뇌부들이 웰스는 전혀 할리우드의 '게임의 규칙'을 따르지 않는 독불 장군이라는 관념을 유포시키기 시작했고, 비평가들은 이것에 〈시민 케인〉에서 보이는 빛나는 재능을 결합시켜 그러한 재능이 응당 가질 것으로 '기대되는' 무책임성의 신화를 만들어 낸 것이다.[3] 그렇다면 이 관점들은 웰스 자신에 대해서보다는 오히려 비평가 혹은 주석가들의 무의식적인

---

2. 제임스 내리모어는 히검의 지적을 '속류 작가주의와 싸구려 심리학의 결합'이라고 비판한다. 그의 지적은 그럴 듯해 보이지만 웰스가 실제로 작업했던 상황을 제대로 감안하지 않은 채 무리하게 일반화를 시도한 것만은 틀림없다. James Naremore, *The Magic World of Orson Welles* (revised edition), Southern Methodist University Press, 1989, p.264.

3. 굳이 웰스에게 책임을 지운다면 그가 '스튜디오의 정치학'에 너무 무지했다는 것을 지적할 수 있다. 그는 그를 처음 할리우드로 영입했던 조지 셰퍼가 이미 '실세'가 아니라는 사실을 몰랐고 1942년 미 정부의 근린 정책 *good neighbour policy*에 따라 명예 사절로 브라질로 떠나면서도 스튜디오에서 〈위대한 앰버슨 가〉의 편집되지 않은 필름과 편집기를 현지로 보내 줄 것으로 믿었다. Orson Welles & Peter Bogdanovich, *This Is Orson Welles*, Jonathan Rosenbaum (ed.), Harper Collins, 1992, pp.161~4.

원망에 대해 더 많은 것을 말해 준다고 할 수 있을지 모른다. 하긴 오슨 웰스의 신화가 비평적 글쓰기에 의하지 않고 달리 형성될 수 있었겠는가?

신화의 근원을 벗기고 웰스를 구체적인 역사 속에서 형성된 예술가로 보려면 역시 그가 성장한 당시 미국 사회에 대해 언급하지 않을 수 없다. 대공황이 시작되고 실업률이 무려 20%에 이르는 상황이 벌어졌을 때, 그가 14세였다는 것을 우선 감안하지 않을 수 없다. 그는 루스벨트의 뉴 딜 정책이 본격화되는 시대에 성인이 되었고 그런 면에서 그에게 사회 정의에 대한 요구가 상당히 자연스럽게 내면화된 것으로 보인다. 실제로 그가 뉴욕의 연극계에 등장했을 때 연방 정부의 실직 연극 배우 활용 프로그램인 WPA의 지원으로 자신의 작품의 상당 부분을 무대에 올렸고 내용에 있어서도 당시의 집단주의적 정치학을 반영한 것들이 많았다. 가령 할렘에서 무대에 올려 대성공을 거두었던 흑인 〈맥베스〉, 미국 사회의 정치적 갈등을 다룬 〈흔들리는 요람〉 등은 그의 리버럴한 정치관을 그대로 보여 주는 것이었다. 더구나 그가 1944년 대통령 선거에서 루스벨트 지원 연설을 했다는 것도 그의 진보적인 성향을 입증해 주는 것이다. 말하자면 그는 전형적인 뉴 딜 시대의 지식인이라 할 수 있는 인물이다.

그러나 그의 작품에서, 특히 영화에서는 그의 정치관이 그대로 드러나지 않는다. 그것은 대개 극히 애매한 것으로 드러나거나 때로는 지극히 반동적인 입장처럼 보이기도 한다. 〈시민 케인〉의 찰스 포스터 케인만 해도 그의 독선적인 태도에 대한 비판이 어느 정도 함축되긴 했지만 그의 소외 내지 고독에 대한 동정적인 시각이 여전히 남아 있다. 후기

작인 〈악의 손길〉에서도 국경 마을의 독재자인 주인공 행크 퀸랜에 대한 동정의 시각이 강렬하게 전달된다. 퀸랜은 절대 오류를 범할 수 없는 수사관인 것처럼 묘사되고 다소 교과서 적으로 행동하는 '리버럴' 바르가스에 대한 경멸이 잠재되어 있다. 이러한 영화들을 보면 웰스는 마치 '권력의 고독'에 매혹된 것처럼 보인다. 하긴 그가 애초에 영화 데뷔작으로 조셉 콘래드의 〈암흑의 속〉을 기획하고 주인공 커츠 역을 자신이 맡으려고 생각했다는 것에서도 그의 이러한 강박 관념이 상당히 뿌리 깊은 것임을 짐작할 수 있다.

결국 웰스의 영화를 풍요롭게 하는 것은 바로 이러한 낭만주의 아니, 더하게는 바로크적인 자아 중심주의로 향하는 개인적인 성향과 그 자신이 공언하는 정치적 내지는 사회적 이상주의 사이의 긴장이다. 〈시민 케인〉에서 그 예를 보자면 그는 케인이 비판받아 마땅한 인물임을 잘 알고 있고 또 그의 이러한 생각을 제드 릴런드 같은 이상주의적 인물을 통해 제시하면서도 결국 케인이 보여 주는 '영웅적인 고독'에 깊이 공명하고 마는 것이다. 웰스 자신이 자신을 케인과 동일시하지 말아 달라고 그리고 그로서는 케인은 정말로 혐오스러운 인물이라고 여러 번 강조하긴 했지만, 그의 이 말이 반 정도만 진실일 수밖에 없다고 보이는 것도 이러한 것 때문이다. 그리고 케인의 말년의 고독은 마치 웰스 자신의 영화를 만들기 위한 '예술 영웅'의 말년의 고투를 예견케 한다는 점에서도 상당 부분 현실과 허구의 특이한 중첩이라 볼 수 있다.

웰스의 가장 개인적인 영화로 보이는 〈위대한 앰버슨가〉는 그런 만큼 그의 낭만주의의 뿌리를 엿볼 수 있게 한다.[4] 앰버슨이란 미 중서부의 명문가가 20세기 들어 몰락하

〈위대한 앰버슨 가〉

는 과정을 보여 주는 이 영화는 결국 불신과 오해 때문에 사랑의 결실을 보지 못하는 두 세대의 연인들을 보여 주는 평범한 로맨스물이다. 유진과 이자벨은 오래 전부터 사귀었으면서도 사소한 사건으로 결국 결합하지 못하는데, 이자벨의 남편이 죽으면서 다시 결합할 가능성을 갖게 되지만 아들 조지의 완강한 반대로 결국 실패하고 만다. 조지가 유진을 혐오하는 이유는 그가 신흥 부르주아여서 앰버슨 가문과 어울리지 않고 그가 자동차라는 '쓸데없는 발명'에 몰두한다는 것이다. 영화는 후반부로 갈수록 시대의 속도에 적응하지 못하는 앰버슨 가의 쇠락을 보여 주는데, 그럼에도 조지의 허황돼 보이는 자존심은 꺾이지 않는다. 결국 그는 아이러니컬하게도 자동차에 치어 크게 다치고 그로 인해 영화는 웰스가 전혀 의도하지 않았던 '가짜' 해피 엔딩으로 마감한다.[5] 이 영화에서 웰스는 조지의 귀족적인 자부심과 유진의 신흥 발명가로서의 에너지 모두에 공감을 보여 주는데, 그럼에도 이 영화에 독특한 비극적 정조를 만들어 내는 것은 조지의 수난이다. 대규모 주택지가 새로 개발되면서 앰버슨 가의 대저택은 값이 떨어지고 결국에는 마차를 타고 다닐 수도 없는 처지가 되어 거리를 걷다가 차에 치이게 된 것이다. 조지의 근거 없는 옹고집을 다루는 웰스의 태도에는 '모든 것에 충분히 시간을 바칠 수 있었던 시대'에 대한 깊은 향수가 배어 있다.

　　많은 영화사가들은 웰스의 등장이 미국 영화에 모더니

---

4. 웰스 자신이 미 중서부(위스콘신 주 케노샤)의 부르주아 출신이라는 것, 그리고 원작자인 부스 타킹턴이 웰스 아버지의 친구였다는 것 등으로 미루어 보아 그에게 상당히 친숙한 세계임을 알 수 있다. 특히, 소설 속의 사업가이자 발명가인 유진은 실제로 발명가였던 웰스 아버지가 모델이었다고 한다.

5. 이미 〈시민 케인〉에서 흥행 실패를 본 RKO는 웰스의 러프 컷에서 무려 45분을 잘라 내고 몇 장면을 새로 찍은 다음 다시 편집해 영화를 개봉했다. 이 때 잘린 부분들은 폐기 처분되는 바람에 지금 전해지지 않는다. 웰스 자신은 원래대로 편집되었다면 "〈시민 케인〉을 능가하는 영화였을 것이다"라고 말한다.

〈상하이에서 온 여인〉

즘의 도래를 알렸다고 지적한다. 〈시민 케인〉의 형식상의 특징들, 이를테면 독일 표현주의의 영향을 감지하게 하는 조명의 사용, 뉴스릴의 패러디 등은 이 영화가 확실히 높은 수준의 자의식을 가진 감독에 의해 만들어졌음을 보여 준다. 그렇다면 그의 모더니즘이 어디서 기원하는 것인가가 흥미로운 질문이 될 수 있을 것이다. 25세의 젊은이가 단순히 '천재적인 재능'에 힘입어 이 정도로 자기 반영적인 영화를 만들었다고는 보이지 않기 때문이다. 여기서 중요하게 떠오르는 것이 그의 연극 및 라디오 경력이다. 영화에 대해 거의 아는 바가 없어 존 포드의 〈역마차〉를 수도 없이 영사하면서 영화 공부를 했다는 그가 전례 없이 혁신적인 영화를 만들 수 있었던 것은 이 두 매체를 겪으면서 체득된 감각을 영화에 쏟아부었기 때문이다. 바쟁이 극찬한 그의 공간의 심도는 연극 무대에서 획득되는, 관객들이 인지하는 리얼리티를 영화에 이입한 것이라 할 수 있고 그리고 그의 장기인 액자화 구조의 내러티브는 라디오 드라마의 내레이터 *narrator* 로서 그가 경험한 이야기하기의 가능성에서 기원하는 것이다. 그는 영화라고 해서 이런 것들을 도입하지 못할 이유가 없다고 생각한 것이다.

그러고 보면 그를 '너무 일찍 온' 모더니스트라 부를 수 있을지도 모른다. 그가 〈상하이에서 온 여인〉을 만들었을 때 그 몽환적인 스타일 및 이야기 전개에 컬럼비아의 사장인 해리 콘은 황당함을 금치 못하고 대폭 자를 것을 지시했고 그래서 지금 남아 있는 프린트는 줄거리 전개가 거의 이해되지 않을 정도다. 그리고 이 영화에서 브레히트의 아이디어를 수용한 차이나타운에서의 극장 장면들도(객석 그리고 카메라를 홀깃홀깃 쳐다보는 경극 배우들!) 지금 보면 놀랄 만큼 시대를 앞섰다는 것을 실감하게 한다. 하긴 당시의 관객들이 제대로 이해하기 어려웠을 것이라는 점도 사실이지만 말이다. 이야기 자체보다는 그 이야기를 어떻게 전달하느냐에 따라서 천차만별의 효과를 얻을 수 있다는 것을 그는 잘 알았다. 이 이야기하기에 대한 과도한 자의식은 후기로 갈수록 심화되어 결국 역사상 가장 희한한 에세이 필름이자 가짜 다큐멘터리인 〈거짓과 진실〉로 결실을 맺게 된다. 게다가 그는 새로운 아이디어가 떠오르면 이를 지체 없이 수용해서 시험해 보는 왕성한 호기심의 소유자였다(처음 영화를 만들게 되었을 때 RKO의 스튜디오를 둘러보고 이것을 "어느 아이가 가진 장난감 기차 세트보다 더 대단하다"라고 말했다고 하지 않는가).

　　실험가 내지는 혁신가로서의 측면에도 불구하고 웰스·는 빈번히 셰익스피어 및 다른 고전의 세계로 회귀한다. 확실히 그에겐 고전주의에 대한 강한 집착이 엿보인다.[6] 이를 그저 그의 연극 경험의 결과로 돌리는 것은 너무 단순한 판단이 될 것이다. 그것은 오히려 그의 귀족적인 문화적 취향의 산물처럼 보인다. 그가 삼류 스릴러 영화를 여러 편 만들었다는 것을(물론 자발적으로!) 감안하면 이는 다소 의외로 들릴지도 모른다. 여기서 귀족적이란 정확히는 '장대함이 가능했던 시대'에 대한 향수라 해야 할 것이다. 특히, 웰스는 셰익스피어의 세계에서 이러한 시대, 즉 맹목적인 열정과 순수한 권력 의지가 가능했던 시대를 보았다. 인민주의적 정서에서 성장했음에도 불구하고 그가 결과적으로 '과도함의 칭송'

---

6. 그가 미완으로 그치고 만 영화 가운데 하나가 〈돈 키호테〉였다는 것도 고전주의적 취향의 반영이라고 볼 수 있다. 1957년에 촬영을 시작했으나 자금이 떨어지자 중단을 거듭해서 결국 완성시키지 못했다. 주위 사람들이 자꾸 이 영화가 언제 완성되느냐고 물어 보자 짜증이 난 웰스는 나중에 아예 제목을 〈언제 돈 키호테는 끝나는가〉로 고쳤다고 한다!

을 통해 보통 사람들에 대한 경멸을 서슴없이 드러내는 것도 바로 이러한 '황금 시대'에 대한 병적 고착에서 나오는 것이다. 가령 〈악의 손길〉은 전혀 고전주의적 영화가 아니지만 웰스의 이런 기질이 유감 없이 드러나는 작품이다. 행크 퀸랜이란 캐릭터는 바로 웰스의 바로크주의가 육화한 듯한 인물이다. 그는 자신의 '감'이 절대 틀림없다는 확신을 가지며 교범대로 사건을 해결하려는 경관들을 경멸한다. 거기에다가 그는 육체적으로도 비만으로 인해 엄청나게 거대한 인물이다 (현실의 웰스와 강력한 착각을 불러일으킬 정도!). 스타일상으로도 과도한 앵글들을 많이 사용해 극단성을 더욱 강조한다.

웰스 유형의 고전주의는 후기의 셰익스피어 영화인 〈심야의 종소리〉에서 거의 숭고미의 경지에 도달한다. 불경스럽게도(?) 셰익스피어의 다섯 개의 희곡을 마구 뒤섞어 짜깁기한 이 영화를 그는 이제는 사라진 '즐거운 잉글랜드 *Merrie England*'를 회고하는 영화라고 말했다. 웰스의 전기의 가장 개인적인 영화를 〈위대한 앰버슨 가〉라 한다면, 후기의 가장 개인적인 영화는 〈심야의 종소리〉라 해도 무리가 없을 것이다. 거기에는 웰스 자신의 고독감이 깊이 드리워져 있기 때문이다. 셰익스피어가 만들어 낸 가장 해괴한 캐릭터인 폴스타프는 어린 왕자 헬을 비호해 주면서 사실상 부자 관계를 유지한다. 자연스럽게 자신의 욕구를 드러내고 또 그것을 충족시킬 줄 아는 뚱보 폴스타프는 헨리 4세가 죽고 헬이 왕위에 등극하면서 그로부터 잔인하게 버림받는다. 즉위식에 찾아간 폴스타프를 헬이 매몰차게 쫓아 버리는 장면은 폴스타프가 자신의 운명을 받아들인다는 점에서 웰스의 후년의 심경을 솔직하게 반영하는 것 같다. 헬이 여전히 자신의 귀여움을 받는 어린 아이인 줄 알았던 폴스타프는 정작 늙고 병

〈심야의 종소리〉

든 그가 사실은 어린 아이였음을 깨닫는 것이다. 그러나 그는 결코 '현실 원칙'을 받아들이려 하지 않는다. 새로운 질서의 속도는 그의 거체로는 거의 감당할 수 없는 것이다.

형식적 혁신성에 매혹되면서도 고전적 질서에 대한 강렬한 회귀 의식을 가진다는 것, 이것이 웰스 미학의 중요한 변증법으로 보인다. 그가 1960년대 이후에 등장한 새로운 영화 작가들에 대해 깊은 공감을 보여 주면서도[7] 결국에는 그들과 같은 무리로 분류할 수 없게 하는 것이 바로 그의 귀족적 미의식이다. 장 르느와르가 말했듯이, 그는 "영화계에 있는 몇 안 되는 귀족 가운데 한 사람"이었던 것이다. 그의 혁신성은 사실은 그의 내부에 있는 '유년기적인 활력'에서 나오는 것이라 해도 좋을 것 같다. 대식으로 엄청나게 분 몸 속에 '귀족적 신동'의 활력을 내장하는 이 사내는 자신이 점점 현실에서 유리되는 것이 아닌가 하고 조바심을 쳤던 것이다.

극장에서 공개된 그의 마지막 영화 〈거짓과 진실〉은 남이 찍은 필름으로 대충 만든 소품처럼 보이지만 그 내부에는 창작에 대한 웰스 자신의 깊은 통찰이 배어 있다. 두 명의 대사기꾼 엘미르 드 호리와 클리포드 어빙에 대해 말하면서 웰스는 넌지시 자신도 사기꾼이었다고 고백한다. 그는 16세에 더블린에서 처음 무대에 설 때 자신을 뉴욕에서 알아 주는 배우라는 거짓말로 소개했으며, 유명해진 다음에도 화성인 침입을 알리는 가짜 라디오 드라마로 전 미국을 발칵 뒤집어 놓았다는 것이다. 그리고 그의 모든 창작 작업들이 사

---

7. 이를테면 고다르에 대한 그의 평가는 빼어난 통찰을 보여 준다. "고다르의 존경할 만한 점은 영화의 제도적인 측면 그리고 나아가서는 영화 자체에 대한 그의 놀랄 만한 경멸이다. 이것은 일종의 무정부주의적, 허무주의적 경멸인데, 그래서 그가 보다 자신에게 엄격해질 때 그의 영화는 놀랄 만큼 익사이팅한 것이 된다." Welles & Bogdanovich, 앞의 책, p.193.

실은 사람들을 놀라게 하기 위한 쇼에 지나지 않았음을 암시한다. 물론 그의 발언을 액면 그대로 받아들여선 곤란하다. 그가 여기서 주장하는 것이 모든 것은 다 가짜라는 식의 무정부주의적 상대주의가 아니기 때문이다. 그것은 오히려 창작의 실체가 과연 존재하는가 하는 회의로 이해해야 한다. 하워드 휴즈의 가짜 자서전 저자인 클리포드 어빙의 영화 속 말은 웰스의 내심을 반영하는 것처럼 보인다. "이 세상에 진실과 허위가 존재하는 것은 아니다. 있는 것은 좋은 가짜 *good fake*와 나쁜 가짜 *bad fake* 뿐이다."

그가 이 영화의 내레이션을 계속 편집기 앞에 앉아서 진행한다는 것도 이런 면에서 단순히 볼 문제가 아니다. 영화란 결국 필름을 이어 붙여 만들어진 환영이 아니고 무엇이겠는가? 환영이 드물게 보여 주는 현실에 대한 환상감은 그것이 환영임을 알기 때문에 더욱 깊은 감회에 젖게 하는 것은 아닌가? 웰스가 다른 사람의 다큐멘터리 필름을 이어 붙여 〈거짓과 진실〉이라는 환영(거짓말)을 만들어 냈듯이. 그리고 웰스라는 대예술가의 경력 자체도 그의 자기 중심주의가 투사한 환영에 지나지 않는 것 아닐까?

조금 다른 의미이긴 하지만 웰스란 감독의 실체 또한 사실은 환영에 지나지 않는다고 해도 과언이 아니다. 이를테면 우리는 현재 〈위대한 앰버슨 가〉를 웰스의 판이 아니라 정확히는 RKO판으로 갖고 있다. 이 불완전한 텍스트를 가지고 우리는 웰스의 원래 영화가 어떠했을까 하고 짐작할 뿐이다. 〈시민 케인〉을 제외한 그의 대부분의 영화들이 이러한 문제를 제기한다. 〈악의 손길〉만 해도 원래 개봉되었던 95분짜리와 나중에 발견된 108분짜리 두 개의 판본이 남아 있다.[8] 그

되살아난 웰스의 전설: 〈이츠 올 트루〉의 복원

1942년 2월 웰스는 브라질의 리우로 떠나 카니발 현장을 카메라에 담기 시작했다. 당시 그는 중남미에 관한 세 개의 다큐멘터리를 묶어 〈이츠 올 트루〉란 영화를 만들려고 생각했다. 첫 번째 이야기인 '내 친구 보니토'는 이미 멕시코에서 촬영이 진행되었고, 두 번째인 '카니발'은 웰스 자신이 직접 리우에서 촬영을 진행했다. 세 번째는 브라질의 가난한 어부들의 전설적인 모험담을 드라마화한 '뗏목 위의 네 사람'으로 기획해 놓았다. 하지만 RKO사는 〈위대한 앰버슨 가〉가 별로 흥행 가능성이 없어 보이자 이 영화에 대한 지원을 중단해 버렸다. 하지만 웰스는 자비를 들여 '뗏목 위의 네 사람'의 촬영을 강행했지만 결국 완성시키지는 못했다.

이 필름들은 1985년 파라마운트사의 창고에서 기적적으로 발견되어 다시 이를 토대로 영화를 재구성하려는 시도가 시작되었다. 웰스의 조력자였던 리처드 윌슨, 〈카이에 뒤 시네마〉의 미국 특파원인 빌 크론 그리고 다큐멘터리 감독 마이론 메이즐 세 사람은 프랑스 교육 문화성 등에서 자금 지원을 받아 복원 작업을 시작했다. 도중에 리처드 윌슨이 사망하고 말았지만 나머지 두 사람이 작업을 계속해 결국 1993년 완성을 한다.

1994년 베를린 영화제에서 선보이고 이어서 전세계에서 개봉된 이 영화는 무엇보다도 웰스의 인민주의적 시각이 강렬한 인상을 남긴다. 브라질 사회 내부의 계급 문제와 인종 문제를 이미 그는 직관적으로 이해하고 있었다. 가난한 어촌 사람들을 주인공으로 해서 그들의 고난과 공동체적 우애를 감동적으로 보여 주는 것이다. 그리고 스태프와 장비가 거의 없는 상황에서 촬영 기사 한 명만을 데리고 작업했음에도 놀랄 만큼 유려한 영상을 뽑아 낸다는 점도 역시 웰스의 천재성을 실감케 하는 것이었다.

리고 이 둘 다 웰스의 '존재하지 않는' 원래 편집판과 차이가 있다. 그러면 어느 것을 우리는 더 '오리지널'에 가까운 것이라 할 수 있을까? 이러한 상황을 보다 극단적으로 말한다면, 결국 우리가 갖고 있는 웰스는 실제로 활동했던 그의 흔적들에 지나지 않는다고 말할 수 있다.

웰스가 흔적으로밖에 존재하지 않는다는 것은 쉽게 말하자면 영화 산업과 그의 오랜 고투의 증거로 제시될 수 있을 것이다. 사악한 제작자(자본가)들은 그의 개인적 비전 따위는 전혀 안중에 없었다. 그에게 내려진 이 '저주'에 그가 강력하게 저항한 것은 틀림없지만(그는 끊임없이 새로운 영화를 만들려고 노력했다), 그렇다고 울분의 나날을 보낸 것도 아니다. 그래서 그의 흔적들은 다시 생각하면 마치 그의 운명에 대한 각성처럼 보인다. 그것은 결국 그의 노력들이 환영으로밖에 남을 수 없으리라는 깨달음 같은 것이다. 창작이 결국 환영을 만들어 내는 것이라면 그 결과물에 대한 집착은 추괴한 것이 될 수 있기 때문이다.

이러한 인식을 통해 그는 삶과 창작 활동의 연속성에 관심을 기울이기 시작한 것으로 보인다. "후대의 명성을 위해 예술을 한다는 것은 돈을 위해 예술을 하는 것만큼이나 속된 것이다"라는[9] 그의 발언은 그래서 그다운 재담으로만 들리지 않는다. 지금 남아 있는 흔적만으로도 웰스는 삶과 예술의 강력한 통합을 통해 우리에게 오랫동안 현기증을 제공할 것이다.

---

8. 그 이후 1998년 가을에 웰스의 메모를 토대로 편집한 '복원판'이 미국 등지서 개봉되었다.

9. Welles & Bogdanovich, 앞의 책, p.145.

비평적 '사건'으로서의 〈시민 케인〉

〈시민 케인〉이 공개되었을 때, 대중적으로 차디찬 냉대, 혹은 꼭 그렇지는 않더라도 적어도 미온적인 반응만을 받았다는 것은 꽤 잘 알려진 사실이다. 예컨대, 개봉 당시 〈시민 케인〉은 제작사인 RKO에게 대략 15만 달러 정도의 손해를 안겨다 주었다. 당시 대중들이 보기에 그것은 도무지 어떻게 다가가야 할지 알 수 없는 그런 '어려운' 영화였다. 한편 〈시민 케인〉은 아카데미 9개 부문에 노미네이트되었는데, 시상식장에서 그 영화의 이름이 불릴 때마다 찬사의 탄성을 뒤덮어 버리는 야유와 조롱기 섞인 웃음이 터져 나왔다고 한다(그 해 아카데미에서 〈시민 케인〉은 각본상 단 한 개 부문만을 수상했다). 대중적인 감식력을 지닌 아카데미측과 영화인들의 시각에서 보더라도 〈시민 케인〉은 확실히 너무나 '창조적인' 영화였던 것이다.

　〈시민 케인〉이라는 영화의 난해함과 창조성을 '이해'한 것은, 또는 이해하고자 했던 것은, 다소 '편파적'으로 말하자면 비평 쪽이었다. 대중적 무관심의 대상이었던 이 영화는 처음부터 비평적 찬사를 불러모았다. 1941년 5월 초, 개봉 전에 가진 특별 기자 시사회에서부터 이미 상찬의 언급들이 쏟아져 나왔다. 예를 들어, 〈뉴스위크〉의 존 오하라는 〈시민 케인〉을 가리켜 자신이 여태까지 보았던 영화들 가운데 최고

작이라고 말했고, 〈할리우드 리포터〉는 "천재가 일을 내다: 놀라운 영화 〈시민 케인〉 *Mr. Genius Comes Through*: '*Kane*' *Astonishing Picture*"이라는 제목을 단 리뷰를 실었다. 그리고 이 로부터 5년이 지나고, 이 영화가 드디어 프랑스의 시네필들과 만날 기회를 가지게 되었을 때, 그것은 프랑수아 트뤼포가 이야기한 것처럼 "우리 세대 시네필들에게 있어서 대단한 사건"이 되었다. 트뤼포에 따르면, 너무나 완벽하기 때문에 자신들이 사랑하지 않을 수 없었던 이 영화는 "전세계의 그 어떤 영화보다도 더 많은 소명 의식을 불어넣어 주었다." 당시의 젊은 비평가 앙드레 바쟁 역시 〈시민 케인〉을 열렬히 옹호했고, 바로 그럼으로써 구시대의 낡은 비평 태도와의 결별을 선언했다. 그가 자신의 첫 저서를 오슨 웰스에게 바친 것은 그러고 보면 아주 당연한 일이었다.

그 후로 정말이지 수많은 비평가들의 다양한 비평적 담론들이 〈시민 케인〉이라는 한 편의 영화가 놓인 자리를 지나갔다. 〈시민 케인〉이 영화 비평사상 가장 많이 언급되는 영화들 가운데 하나라고 해도 그건 결코 틀린 말이 아닐 것이다. 이제 여기에 또 하나의 비평을 추가하는 것에는 정당한 '평계거리'가 필요하다고 말할 정도가 되었다.[1] 〈시민 케인〉에 대한 초창기의 비평들이 상업적 이유로 소멸했을지도 모

〈시민 케인〉

르는 영화를 회생케 했다면, 지금까지 만만치 않게 쌓인 비평들의 두께는 그 영화를 이제 더 이상 영화사상 그 가치를 의심할 수 없는 걸작의 자리에 올려 주었다. 그 어떤 영화사 책에서도 거론하지 않을 수 없는 중요한 영화, 그리고 영화사상 최고의 작품으로 당당히 꼽히는 위대한 영화로서, 그런 '신화'로서의 〈시민 케인〉은 사실 상당 부분 비평적 글쓰기의 도움을 받아 형성되었다고 볼 수 있다. 그것에 대한 비평들이 〈시민 케인〉의 신화를 만들어 왔다면, 이제 그 비평들의 실로 거대한 집적체는 〈시민 케인〉의 현재 위치를 증명해 준다. 이 영화에 있어서 비평은 '창조'의 근원이었던 것이다.[2]

그렇다면 도대체 〈시민 케인〉이라는 한 편의 영화에 대한 그 많은 비평들은 무엇을 이야기했던 것일까? 여기서 주요 논점들 몇 가지를 따라가 보도록 하자. 그 대략적 아웃라인을 그리는 것이 〈시민 케인〉에 대한 글들에 또 하나를 보태는 '구실'에 해당한다.

허스트 대 웰스

1940년 12월쯤 〈시민 케인〉은 완성을 보았고 애당초 그 다음 해 2월에 개봉할 예정이었다. 하지만 그것은 웰스의 스물여섯 번째 생일 5일 전인 1941년 5월 1일에야 뉴욕에서 대중적

---

1. 로라 멀비는 'BFI 필름 클래식' 시리즈로 나온 책 《시민 케인》에서, 〈시민 케인〉에 대한 비평에 유럽적인 시각을 도입해 보는 것과 케인의 정치적 메타포를 설명하는 것이 이 영화에 대한 비평들의 집적에 또 하나를 보태는 '핑계'라고 썼다. Laura Mulvey, *Citizen Kane*, BFI, 1992, pp.14~6.

2. "*Criticism is the essence of creation.*" 오슨 웰스는 불과 열 살 무렵에 이렇게 말했다고 한다. 물론 원래 이 말은 주제와 플롯을 '해부'해서 그것을 자신의 스타일로 소화해 내는 드라마 작가, 특히 고전 각색자로서의 웰스의 면모에 대해서 언급하는 것이었다.

〈시민 케인〉

으로 첫 선을 보이게 된다. 〈시민 케인〉의 개봉이 이렇게 늦춰진 것은, 잘 알려져 있다시피 당시 언론업계의 거물로 통했던 윌리엄 랜돌프 허스트가 압력을 행사했기 때문이다. 허스트의 실력 행사는 그의 피고용인이자 당시 상당한 영향력을 발휘하던 가십 칼럼니스트인 루엘라 파슨스의 발언으로부터 비롯되었다. 〈시민 케인〉은 분명 픽션을 통해 허스트라는 실제 인물을 다루는 일종의 위장된 전기이며 또한 명백히 그에 대한 악의 섞인 공격이라는 것이 파슨스가 글이나 또는 말로 주장한 바였다. 이것을 듣고 진노한 허스트는 자신이 갖고 있던 전국 30여 개 주요 신문사에 광고와 리뷰를 비롯해 〈시민 케인〉에 대한 일체의 언급을 싣지 말 것을 지시했다. 〈시민 케인〉과 RKO사에 반대하는 허스트의 움직임은 웰스의 이 기념비적인 데뷔작을 빛도 보지 못한 채 폐기해 버릴 가능성까지 가졌을 정도로 아주 강력한 것이었다.

케인이라는 문제적 인물이 허스트를 모델로 삼아 가공되었다는 파슨스식의(또는 허스트측의) 견해는 〈시민 케인〉을 다룬 적지 않은 비평 글들 속에 아주 편리하게 그리고 별 무리 없이 이입되었다(어느 정도 여기엔 시나리오 작가인 허먼 맨키비츠가 허스트의 저택인 샌 시미온을 자주 드나들던 사람이라는 사실도 한몫했을 것이다). 이런 식의 관점에서 볼 때, 〈인콰이어러〉라는 옐로 페이퍼를 발판으로 위대한 미국인의 자리에 오른 케인은 영락없이 〈이그재미너〉 등과 같은 옐로 페이퍼들을 가지고 미국적 정신을 형성하는 데 일조했던 허스트를 스크린 위에 재연해 낸 캐릭터였다. 그렇게 보면, 재능 없는 오페라 가수였던 케인의 두 번째 부인 수잔은 허스트의 정부였던 여배우 마리온 데이비스를 닮았고, 말년의 케인을 완전한 고립 속에 있게 만든 그의 성 재너두는 캘리포니아 해안에 있는 허스트의 거대 저택 샌 시미온 San Simeon 의 재판再版 이었다. 많은 비평들이 알게 모르게 이런 접근 태도를 받아 들였다. 이를테면, 폴린 케일의 논쟁적인 에세이 〈레이징 케인 Raising Kane〉의 기본 전제도 〈시민 케인〉을 통해 허먼 맨키비츠3가 허스트에 대한 이야기를 들려 주고 있다는 것이었다.

케인이 허스트의 삶으로부터 빌려와 만들어진 인물이라는 식의 견해가 어느 정도는 사실이라고 볼 수 있지만, 한편으로 그 둘을 동일 인물로 보는 것은 주의력이 다소 부족한 단견短見임에 틀림없다. 좀더 신중한 눈을 가졌던 평자들이 지적한 것처럼, 케인은 허스트말고도 다른 다수의 실제 인물들을 통과해서 탄생했던 것이다.4 〈시민 케인〉을 허스트에 대한 영화라고 보는 시각은 그리 정확하지 않을 뿐더러 이 영화를 다루는 방식들 가운데 어쩌면 가장 피상적이고 허술하다고 말할 수 있을 만한 종류의 것에 속할 것이다. 그렇다고 이 '초보적' 관점의 연장선상에서 더욱 '섬세한' 비평들이 전혀 없었던 것은 아니다. 아주 단순화해서 말하자면, 대체로 그런 비평들은 케인이라는 가공 인물을 경유해 허스트라는 실제 인물을 공격하는 방식을 통해 우회적으로 웰스가 자신의 자유주의적인 정치관을 피력한 다고 말할 수 있을 것이다.5 페르디난드 룬드버그 Ferdinand Lundberg 가 쓴 《임페리

---

3. 여기서 웰스가 아니라 굳이 맨키비츠를 언급한 것은 〈시민 케인〉의 시나리오가 웰스가 아닌 맨키비츠에 의해 쓰였다는 케일의 지적을 그대로 따른 것이다. 이 문제에 대해서는 뒤에서 다시 논의하기로 한다.

4. 군수업계의 거물 바실 자하로프 Basil Zaharoff, 걸출한 금융업자 새뮤얼 인설 Samuel Insull, 〈시카고 트리뷴〉의 발행인 로버트 매코믹 Robert McCormick 등이 케인의 또 다른 모델로서 자주 거론되는 인물들이다.

5. 이 대목에서 우선 우리는 청년 웰스가 뉴 딜 정책과 반파시스트 투쟁에 꽤 깊이 관여했던 진보적 지식인이었으며, 당대 미디어 제왕으로 군림했던 허스트가 2차 대전에의 불참을 주장했고 히틀러를 지원하기도 했던 대표적인 우익 인사임을, 즉 웰스와 같은 지식인 청년들의 주요 공격 타깃이었음을 상기할 필요가 있다.

〈시민 케인〉

얼 허스트 *Imperial Hearst*》(1937)에 따르면, 당시 미국적 정신을 형성하는 데 엄청난 역할을 수행했던 허스트는 "미국적 멘탈리티란 곧 나의 멘탈리티다"라고 공언할 수도 있는 인물이었다고 한다. 평자들이 보기에 〈시민 케인〉은 상징적 인물로서의 허스트와 그가 일궈 놓은 미국적 공기에 대한 웰스 자신의 반응이었던 것이다. 그럴 때 〈시민 케인〉은 명백히 웰스의 '정치 영화'로 읽히게 된다.

먼저 로라 멀비의 비평을 들어보기로 하자.6 그녀는 영화 속에 묘사된 케인의 발자취를 통해 고립주의 *isolationism* 라는 미국적 패러다임의 운명을 읽는다. 그러기 위해서는 무엇보다도 먼저 케인을 대표적인 고립주의자이자 뉴 딜 정책의 반대자인 허스트의 영화적 화신으로 보는 것이 요구된다. 영화 속에서 바로 그 주인공 케인은 유럽 문화와 역사의 잔재들에 둘러싸인 채 외롭게 죽어 간다. 그의 몰락은 뉴 딜 이전 미국의 낡은 정치학과 이제 막 발흥의 싹을 틔우는 파시즘의 새로운 정치학 양자의 패배를 상징적으로 보여 준다는 것이 멀비의 지적이다. 그녀는 〈시민 케인〉을 허스트 / 케인이라는 징후적인 *symptomatic* 캐릭터가 체현하는 미국 정치의 본질에 대해 질문하는 영화로 본 것이다. 제임스 내리모어는 케인이 결코 허스트와 동일하지 않은 인물임을 강조하면서도, 멀비보다는 좀더 '소극적인' 방식으로나마 〈시민 케인〉에 드러난 현실적 반향에 대해 언급한다.7 그는 웰스의 이 첫 영화가 근본적으로 위험한 프로젝트였다는 점이야말로 이 영화에 대한

---

6. Mulvey, 앞의 책, pp.15~6.

7. James Naremore, *The Magic World of Orson Welles* (revised edition), Southern Methodist University Press, 1989. 이 글에서 내리모어의 논점들은 〈시민 케인〉을 다룬 이 책의 3장, 특히 pp.78~83을 주로 참고했음을 밝힌다.

〈시민 케인〉

가장 중요한 사실이라고 말한다. 그 이전의 감독들과 달리, 웰스는 스튜디오를 맘대로 주무를 수 있었던 막강한 친파시스트적 선동가에 대해 어떤 식으로든 '코멘트'를 던지는 영화를 만들어 냈다는 것이다. 다시 말해, 〈시민 케인〉은 초심자의 다소 치기어린 대담성으로 만들어진 잠재적인 정치 영화라는 것이다.

아무리 사회적 · 역사적 컨텍스트와 관련해서 볼 수 있다고 하더라도, 허스트를(또는 그만을) 끌어들이는 편의적인 비평은 〈시민 케인〉을 전적으로 설명해 줄 수 없는 게 사실이다. 굉장히 중요한 사람, 굉장히 공적인 인물의 공적인 삶이 아니라, 그의 사적인 삶, 그것의 다양한 측면들에 관한 영화를 만들고 싶었다는 웰스 자신의 발언처럼, 〈시민 케인〉은 무엇보다도 한 인물에 대한 캐릭터 연구였던 것이다. 허스트를 대입해서는 그 문제를 제대로 해결할 수 없었다. 다시 케인이라는 캐릭터가 문제시되었다. 캐릭터에 더 심도 있게 집중한 비평들은 케인에게서 이제 웰스 자신의 모습을 보았다. 이를테면, 어려서부터 후견인의 손에 의해 자라난 인물도, '앙팡 테리블'로서 주목을 받은 인물도 실은 허스트가 아니라 웰스 자신이었던 것이다. 일찍이 바쟁도 〈시민 케인〉의 주요 테마 가운데 하나가 어린 시절에 대한 향수라고 지적하면서 사회적 역량을 얻고자 하는 케인의 열망은 다름 아닌 웰스의 어린 시절에 깊이 뿌리를 두고 있다고 지적한 바 있다. 내리모어는 〈시민 케인〉이 웰스에 대한 영화라고 이야기한다. 그리고 웰스가 자신을 투영해 케인을 일면적인 악한으로만 그리지 않기 때문에 〈시민 케인〉은 신중한 정치 영화면서도 결코 교훈적인 영화가 아니라고 말한다. 이것을 "웰스의 몽환적인 자전적 이야기"로 볼 때에야, 이 영화가 케인이 구축한 제국의 구조보다는 그 자신의 심리에 집중하고, 비판적 리얼리즘의 양식보다는 멜로드라마의 그것을 따르며, 케인이라는 '악한'을 무턱대고 비난하기보다는 그에게 동정적인 시선을 던지는 이유를 실감하게 된다. 내리모어는 웰스와 연극 작업을 함께 했고, 〈시민 케인〉의 시나리오 작업에도 참여했던 존 하우스먼의 말을 인용한다. "공적인 사건들 너머 찰스 포스터 케인의 심장부를 더 깊이 관통할수록, 우리는 오슨 웰스의 정체성에 더 가까이 다가가게 되는 것 같다."

　　〈시민 케인〉이 과연 누구에 대한 영화인가라는 문제는 당연히 이 영화에서 어디를 바라볼 것인가라는 비평 태도와 관련되었던 것으로 보인다. 아주 흥미롭게도, 케인이 허스트의 다른 모습이라고 본 케일이 "허스트의 삶에서 일어났던 일이 훨씬 흥미롭다"고 말했던 반면, 〈시민 케인〉은 (웰스의) 유년 시절의 비극이라는 바쟁의 지적에 동의했던 트뤼포는 자신에게 흥미를 주는 것은 재너두(영화와 그 안의 세계)이지 샌 시미온(리얼리티)이 아니라고 이야기했다. 요컨대 케인이 허스트인가, 아니면 웰스인가 하는 문제는, 단순하게 말하자면, 영화를 통해 허스트의 실제 신문이 전쟁에 어떤 영향을 미쳤는가와 '로즈버드'라는 이름의 썰매를 잃어버린 경험이 한 사람의 삶에 어떤 영향을 미쳤는가 가운데 무엇을 더 중요하게 볼 것인가의 문제이기도 한 것이다. 비평들이 이 두 영역을 오가는 사이에 어쨌든 〈시민 케인〉이 가지고 있던 의미는 보다 증폭되었을 것이다.

단절과 영향력으로서의 형식적 방법론

〈시민 케인〉에 대한 리뷰에서 트뤼포는 이 영화에서 모든 것은 마치 웰스가 아주 오만하게도 영화의 규칙들을 거부하기나 한 것처럼 보인다고 썼다. 규칙의 거부, 또는 파기란 〈시민 케인〉에 대해 언급할 때마다 거의 빠지지 않고 등장하는 문구인데, 당시 관객들을 곤혹스럽게 만든 것도, 그리고 비평가들을 열광케 한 것도 바로 그것이었다. 다만 한쪽에는 '낯설다'는 인상을 전해 준 그것들이 다른 한쪽에게는 '새롭다'는 느낌이 들게 해 주었을 뿐이다. 그렇듯, 〈시민 케인〉의 특히 새로운 측면, 즉 스토리텔링과 스타일에 있어서의 '혁신적인' 면모들은 이 영화에 대한 논의들 가운데 아마도 가장 많은 자리를 차지하는 부분으로 보아도 무방할 것이다. 그리고 〈시민 케인〉을 묘사하는 가장 진부한 문구가 아마도 "영화 만들기와 스토리텔링의 새로운 방식들"이 될 것이다 (《시민 케인》이 개봉될 당시, 〈타임〉에 실린 리뷰가 이미 그런 문구를 들려 주었다).

그런데 여기에서 문제가 되는 것 가운데 하나는 많은 평자들이 이 한 편의 영화가 다양하게 보여 준 '테크닉의 백과 사전'을 마치 웰스가 처음으로 편찬한 것처럼 종종 오해하곤 했다는 점이다. 그래서 《영화: 매체의 세계사》의 웰스 관련 부분에서 로버트 스클라는 〈시민 케인〉에서 웰스가 성취한 바를 정확하게 짚어 준다. "D. W. 그리피스의 초기 영화들과 마찬가지로, 〈시민 케인〉에서도 완전히 독창적이거나 또는 감독들에게 이전에 알려지지 않은 측면은 단 하나도 없다. 이 작품의 놀라운 효과는 그것의 전체적인 결과, 집중도, 포괄성, 그리고 스타일상의 통일성으로부터 나왔다. 할리우드에서 혁신이란 것은 고립된 시퀀스들이나 숏들에만 국한되는 경향이 있었던 데 반해서, 웰스는 협력자들과 함께 전체 영화 내내 거의 모든 숏과 신에서 다양한 혁신들을 이용하려고 노력했다."[8] 〈시민 케인〉이 이룬 형식적 혁신의 모양새에 대해 과연 여기에 또 어떤 것을 덧붙일 수 있을까? 이제 그 형식이란 게 영화 안팎에서 어떤 의미를 갖는지를 살피는 것이 마땅한 순서인 것 같다.

〈시민 케인〉의 형식적 측면과 그 의미에 대해 일찍부터 천착한 평자로 단연 첫 손에 꼽히는 이는 앙드레 바쟁이다. 예컨대, 그는 〈시민 케인〉에 특징적인, 천장을 보여 주는 이례적인 앙각 숏에 아주 적절하게도 '지옥의 시각'이라는 이름을 붙여 준 인물이었다. 바쟁은 '웰스의 천장'이 우리가 우러러 보고 있는 케인, 그의 탈출도 전혀 허용되지 않는 그런 저주스런 운명을 시각화한다고 보았다. 그런 식으로 웰스는 자신의 독특한 스타일에다가 그에 합당한 의미를 새겨 넣을 줄 알았던 것이다. 하지만 바쟁이 〈시민 케인〉의 등장과 함께 영화의 새로운 시대가 열렸음을 선포했을 때, 바쟁의 관심을 자극한 것은 무엇보다도 공간적인 깊이감과 플랑 세캉스였다. 이에 대한 바쟁의 논의는 이제 너무나 유명한 것이 되었으니, 간략하게만 짚고 넘어가도록 하자. 그는 분석적 데쿠파주 analytical découpage 와 대조되는 것으로서 깊이의 데쿠파주 découpage in depth 가 공간의 연속성과 더불어 지속 시간의 연속성을 존중함으로써 영화에 리얼리즘의 차원, 즉 리얼리티의 모호함을 도입해 줄 것이라고 보았다. 바쟁은 영화 언어가 그렇게 진화해 나가리라 믿었는데, 〈시민 케인〉에서

---

8. Robert Sklar, *Film: An International History of the Medium*, Thames & Hudson, 1993, p.222.

〈시민 케인〉

그는 그 구체적이고 훌륭한 예를 발견하였다(그는 수잔이 자살을 기도하는 장면을 그 특징적인 실례로 꼽았다). 바쟁은 웰스가 영화적 전통의 체계를 뒤흔들었다고 말했다. 그도 그럴 것이, 그가 보기에 깊이의 데쿠파주란 고전적인 영화 제작 관행이나 고전적인 관람 습관, 양자로부터의 단절을 의미하는 것이었으니까 말이다.

바쟁의 논의는 그 자체로 〈시민 케인〉에 대한 일종의 '고전'으로서 자리잡았지만, 우리가 잘 알다시피, 적잖은 비판을 그 대가로 치러야 했다. 그의 주장은 확실히 나이브한 데가 있음을 부인할 수 없다. 그리고 그의 접근법은 분명히 영화 전체보다는 특정 시퀀스에 초점을 맞추는 경향이 있음을 보여 준다. 〈시민 케인〉은 영화 매체에 대한 웰스 자신의 자의식, 또는 영화 매체를 처음 다뤄 보는 자로서 그 자신의 왕성한 호기심으로 가득 찬 듯 보이는 그런 영화다. 여러 평자들이 잘 지적한 것처럼, 매체 자체를 이리 저리 뜯어보는 데서 감독 자신이 느끼는 즐거움, 아마도 바로 그것이 형식적 자의식에 힘을 실어 준 것으로 보인다. 그렇게 해서 완성된 영화 〈시민 케인〉에서 감지할 수 있는 것은 어쩌면 바쟁이 언급한 바와 같은 (존재론적) 리얼리티라기보다는 구성된 이미지로서의 프레임, 즉 리얼리티의 조작 쪽에 더 가깝다. 웰스와 〈시민 케인〉의 이런 면모에서 비평가들은 곧잘 모더니즘의 그림자를 보았다. 아주 간단히 말하자면, 매체 그 자체에 대한 자의식과 자기 비평, 그것이 곧 모더니즘의 출발점이 아니던가. 〈시민 케인〉의 모더니즘적 양상은 그것의 스토리텔링 방식에서도 유감 없이 드러난다. 조각난 여러 에피소드들을 가지고 단편적으로 이야기하는 양식은 고전 영화에서 흔히 볼 수 있는 식의 인식의 전체성을 허용하지 않았다. 다수의 목소리를 통해 전달되는, 세계는 결코 투명하지 않다는 인식은 그 자체로 어떤 단절을 예비해야 하는 것이었다. 요 컨대, 《〈시민 케인〉 만들기 The Making of "Citizen Kane"》(1985)를 쓴 로버트 캐링어 Robert Carringer 의 말로 표현하자면, 다수의 상이한 캐릭터들의 상이한 관점들을 거쳐 케인에 대한 이야 기가 말해진다는 사실은 시점의 상대론을 이야기하는 시대, 즉 모더니즘의 시대를 반영했다.

〈시민 케인〉이 미국 영화사에 모더니즘의 도래를 알렸 다는 것은 많은 영화사가들에 의해 자주 지적되곤 하는 사실 이다. 전통적인 영화와 다른 영화로서, 또는 그것과 단절을 이룬 영화로서 〈시민 케인〉은 당연하게도 종종 새로운 시대 의 선언으로서 받아들여졌다(바쟁의 논의 역시 여기서 벗어나지 않는다). 그래서 그것은 비평가들의 시각에 따라 또 다른 식 으로도 미국 영화사 안에서 특별한 자리를 부여받았다. 예를 들어, 로버트 레이 같은 영화 학자는 〈시민 케인〉을 전후 미 국 영화를 특징짓는 주요 경향의 (상징적?) 전조 前兆로서 간 주한다.[9] 그에 따르면, 전후의 미국 영화는 스타일을 특히 과 시하고 의도와 결과 사이의 모순을 분명히 드러내기에 이르 는데, 그것은 당시의 많은 영화들이 부분적으로, 그리고 또 무의식적으로 〈시민 케인〉의 방법론(바로크적이고 매우 과시적 인 스타일)을 채택한 결과였다고 한다. 다른 한편으로 토마스 샤츠 같은 영화 학자는 1940년대의 이른바 미국 표현주의 영 화의 전형을 제공한 것이 〈시민 케인〉이었음을 지적한다.[10] 이렇게 볼 때, 〈시민 케인〉이라는 한 편의 영화가 매우 다양

9. 자세한 내용은 Robert B. Ray, *A Certain Tendency of the Hollywood Cinema 1930~1980*, Princeton University Press, 1985, pp.153~4를 참조하라.

〈시민 케인〉의 촬영 현장

한 역사적 자취를 지나갔음을 알 수 있다. 역사적 전범으로 서나 또는 일종의 징후로서나 〈시민 케인〉은 언급하지 않을 수 없는 영화가 된 것이다. 이건 이 영화가 미친 광범위한 영 향력에 대한 비평상의 증거이기도 할 것이다.

〈시민 케인〉의 저자 author 는 누구인가

1941년 6월 〈포퓰러 포토그래피〉에 실린 "〈시민 케인〉에서 나는 어떻게 규칙들을 깨뜨렸는가"라는 글에서 촬영 감독인 그레그 톨랜드는 〈시민 케인〉 촬영의 방법론에 대해 이야기 한 바 있다. 그 글의 제목이 시사하는 것처럼, 〈시민 케인〉이 거둔 경이로운 비주얼은 톨랜드라는 걸출한 촬영 감독의 공 헌 없이는 사실 거의 생각할 수 없는 것이다. 하지만 우리가 흔히 떠올리듯, 톨랜드 같은 테크니션은 여하튼 단지 '협력 자'일 뿐이었다. 그건 〈시민 케인〉의 진정한 창조자는 오슨 웰스 아닌 다른 어떤 이가 아니라고 간주되기 때문일 것이다. 그는 이 영화에서 제작과 감독을 맡았고, (허먼 맨키비츠와 함 께) 시나리오를 집필했으며, 주연으로 연기도 했다. 이 정도 면 〈시민 케인〉을 가히 웰스의 영화라고 말하는 데 가히 누가 이의를 달 수 있단 말인가? 〈시민 케인〉은 영화의 작가 auteur 를 이야기하는 고전적인 사례로까지 이해되기에 이르렀다.

하지만 그럴수록 〈시민 케인〉이 과연 온전히 웰스의 영화인가 하고 묻는, 즉 그것의 작가로서 웰스의 지위를 부

10. 토마스 샤츠는 우리가 흔히 필름 느와르라고 부르는 영화들에 대해 미국 표현주의라는 용어가 더 적 합하다며 그렇게 쓴다. 〈시민 케인〉과 미국 표현주의에 대해서는 토마스 샤츠, 《할리우드 장르의 구 조》, 한나래, 1995, pp.188~95를 참조하라.

정하거나 또는 그렇지는 않더라도 적어도 이의를 제기하는 논평들이 존재했다. 그 가운데 영화 평론가 폴린 케일이 불러온 논쟁은 그 대표적인 사례로 꼽힐 만하다.[11] 이 논쟁의 도화선은 케일이 1971년 〈뉴요커〉에 두 번에 걸쳐 기고한, "레이징 케인"이라는 제목의 꽤 긴 에세이였다. 여기서 그녀가 주장한 주요 논점은 〈시민 케인〉의 시나리오에 대한 공로는 순전히 웰스와 함께 영화의 공동 각본가로 이름이 올라 있는 허먼 맨키비츠에게 돌아가야 한다는 것이었다. 그녀는 맨키비츠와 그 주위 사람들로부터 들은 내용을 토대로, 웰스는 〈시민 케인〉의 촬영 대본을 단 한 줄도 쓰지 않았다는 주장을 내놓는다. 심지어 그녀는 웰스는 탐욕에 눈먼 비열한 인간으로 비치게 만든다. 그녀가 전하는 '비화'에 따르면, 맨키비츠가 쓴 자랑스러운 작품을 독차지하기 위해 웰스는 맨키비츠에게 1만 달러의 뇌물을 주는 대신 크레딧에서 이 시나리오 작가의 이름을 빼겠다는 은밀한 제안을 했다는 것이다! (물론 완성된 영화에는 웰스와 맨키비츠 두 사람의 이름이 시나리오 작가로 크레딧에 올라가 있다.)

폴린 케일의 주장은 목소리의 그 도발적인 톤 때문에라도 커다란 반향을 몰고 오지 않을 수 없었다. 그녀의 논점에 반박하는 목소리가 여기저기서 터져 나왔다. 그 반응의 파고와 너비란 오히려 '작가' 웰스의 위치를 잘 알려 준다고 말할 수 있을 정도였다. 그 가운데 가장 유명한 것은 〈에스콰이어〉(1972. 10)에 실린 피터 보그다노비치의 글 "케인의 반란 *The Kane Mutiny*"일 것이다. 여기서 그는 케일의 논지를 하

11. 케일의 논지와 그에 대한 반박에 대한 부분은 주로 *The Citizen Kane Book*, Limelight Editions, 1971, pp.3~84에 실린 케일의 글 〈레이징 케인!〉과 Orson Welles & Peter Bogdanovich, *This Is Orson Welles*, Jonathan Rosenbaum (ed.), Harper Collins, 1993, pp.494~503을 참조했음을 밝힌다.

〈시민 케인〉

나하나 따져 가며 반박해 나간다. 그에 따르면, 케일의 주장
이란 게 알고 보면 사실에 근거하지 않은 오류, 혼돈, 편파적
인 주장, 상황을 정확히 파악하지 못한 억측 등으로 이루어
져 있을 뿐이다. 보그다노비치의 표현을 빌리자면, 그건 단
지 "꼴사나운 오해"에 지나지 않을 따름인 것이다. 그렇다고
해서 보그다노비치의 무게 중심이 케일에 대한 논박에만 있
었던 것은 결코 아니다. 이 논쟁을 통해서 무엇보다도 그가
원했던 것은 〈시민 케인〉이 웰스의 손끝에서 만들어졌다는
사실, 다시 말해, 〈시민 케인〉은 웰스의 영화라는 점을 보여
주는 것이었다. 보그다노비치의 글에 인용된 시나리오 작가
찰스 리더러 Charles Lederer의 육성에 따르면, 맨키비츠가 처음
에 쓴 시나리오 "아메리칸" (나중에 〈시민 케인〉이라는 제목으로
영화화될 시나리오의 원래 제목은 그랬다)은 아주 따분하기 짝이
없었다고 한다. 맨키비츠는 흥미로운 소재를 발굴해 냈다는
점에서 훌륭한 '기자 paragrapher'이긴 했지만 뛰어난 시나리
오 작가 picture writer가 아니었다는 것이다. 그 가능성 있는
'소재'에 상당한 변화를 주어서 그것을 생동감 있게 만든 건
바로 웰스가 한 일이었다. 보그다노비치는 〈시민 케인〉의 부
副제작자였던 리처드 바 Richard Barr의 증언을 전한다. "웰스
에 의한 수정 revision은 단지 일반적인 제언들에 국한되지 않
았다. 그는 단어와 대사를 고쳐 썼고, 시퀀스들, 착상들과 캐
릭터를 바꾸었으며, 어떤 신들을 삭제하거나 추가하기도 했
다." "케인의 반란"에서 보그다노비치가 인용한 사람들이, 그
리고 결국 보그다노비치 자신이 굳이 다시 한 번 주장하고자
한 바는 매우 간단하게 요약할 수 있다. 영화 〈시민 케인〉은
웰스 자신의 버전이 틀림없다는 재확인 말이다.[12]

조나단 로젠봄은 〈시민 케인〉은 완전히 다른 두 가지

방식으로 볼 수 있다고 말한다. 최종 편집권을 비롯해 할리우드 스튜디오로부터 이례적인 통제권을 부여받은 인디펜던트 영화 감독의 첫 영화라는 식의 인식이 그 하나라면, 그와는 정반대로 〈시민 케인〉은 케인을 포함해 허먼 맨키비츠, 그레그 톨랜드 같은 인재들의 협력을 통해 만들어진 주류 할리우드 영화라는 시각도 존재한다는 것이다. 케일은 후자 쪽 관점을 극명하게 보여 주는 대표적인 평론가였다. 그녀가 보기에 〈시민 케인〉은 어떤 면으로 봐도 결코 '단절'을 거론할 수 있는 영화가 아니었다. 〈시민 케인〉을 가리켜 "얄팍한 걸작 shallow masterpiece"이라고 말한 케일은 그것이 1930년대 뉴스 페이퍼 코미디의 관습을 차용한 영화, 할리우드의 그런 전통에서 정점에 도달한 영화일 뿐이라고 평가했다. 당연히 그 영화의 탁월함 역시 할리우드의 시스템으로부터 연원한 것일 뿐이었다. 그래서 케일은 맨키비츠의 공로를 '과장'함으로써 '작가auteur'로서의 웰스를 지워 버리려 했다. 그런 의도를 가진 케일의 글은 일단 반향을 일으키는 데는 성공을 거두었다. 하지만 그녀가 불을 지핀 논쟁이란 것은 사실 논쟁다운 논쟁이 결코 아니었다고 볼 수 있다. 케일의 글 자체가 사실의 오류와 지나친 단순화로 구축되어 있으니 어쩌면 그건 당연한 일이었다. 게다가 또 다른 문제는 보그다노비치가 지적한 대로 웰스는 "사람들이 공격하고 싶어하는 상대"였지만(보그다노비치는 케일이 웰스를 상대한 것은 "영악한 선택"

12. 웰스 자신도 런던 〈타임스〉에 보낸 편지(1971. 11. 17)에서 맨키비츠와의 작업 과정에 대해 이렇게 설명했다. "이 영화의 아이디어와 그것의 기본 구조는 우리들이 직접 협력한 결과였다. 이후 우리는 서로 따로 작업했고 따라서 두 개의 시나리오가 나왔다. 하나는 빅터빌에서 맨키비츠가 쓴 것이고, 다른 하나는 비벌리힐스에서 내가 쓴 것이었다……. 시나리오의 최종 버전은…… 이 두 출처로부터 끌어 낸 것이었다." 사실 웰스의 이런 언급만 보아도, 웰스가 〈시민 케인〉의 시나리오를 혼자 쓴 것처럼 떠들어댄다는 케일의 비난이 얼마나 근거 없는 것인지를 알 수 있다.

이라며 이렇게 말했다), 허술한 공격으로 쉽게 넘어질 상대는 아니었다는 점이다. 케일의 글은 꽤 많은 반응들을 불러오면서 오히려 웰스의 재능을 정확히 밝히는 기회가 되고 말았다. 그래서 웰스를 폄하하려는 시도가 '작가'로서 그를 인정하는 역설적인 결과를 낳고 만 것이다(일례로 오슨 웰스에 관한 많은 책들은 케일의 글을 소개하면서도 그것을 웰스의 재능을 입증하는 구실로 역이용한다). 하긴 케일 자신도 〈시민 케인〉이 웰스의 영화라는 사실을 완전히 무시하지는 못했다. 〈시민 케인〉에 대한 어떤 리뷰에서 그녀는 그 영화를 가리켜 "영화 사상 가장 논쟁적인 '원맨 쇼'"라고 기술하지 않았다던가.

필름 느와르의 비명 ──
〈악의 손길〉

〈악의 손길〉은 오슨 웰스가 〈맥베스〉 이후 10년 만에 할리우드의 스튜디오에서 만든 재기작이다. 하지만 장기간의 공백 (이 기간에 그는 유럽에서 두 편의 영화를 만들었다)도 타협을 모르는 이 고집센 영화 작가를 고분고분한 순응주의자로 만들지는 못했다. 현재 〈악의 손길〉의 버전이 세 가지로 있는 데서 알 수 있듯이 관습적인 이야기 전개와 상업적인 마인드를 요구하는 메이저 스튜디오(유니버설)와 자신의 스타일을 고집하는 웰스와의 갈등은 어김없이 재연되었다. 이 미운 털박힌 감독을 할리우드가 호출한 배경에 대해서는 설이 분분하다. 찰턴 헤스턴이 휘트 매스터슨의 소설 《악의 배지》를 각색한 시나리오를 본 뒤 "이 작품은 오슨 웰스가 연출을 맡는 게 좋겠다"고 제안했고 헤스턴 같은 스타가 출연한다면 감독은 누가 되든 큰 상관이 없겠다는 판단을 한 스튜디오가 이를 받아들였다는 것이다.

유니버설의 프러듀서인 앨버트 주그스미스가 강력히 추천했다는 설도 있다. 1950년대 후반 빛에 쪼들리던 웰스는 〈어둠 속의 사나이 Man in the Shadow〉(잭 아놀드 감독, 1957)라는 영화에 출연했고 이 때 주그스미스와 아주 가까워졌다. 어느날 주그스미스는 폴 모나쉬의 '형편없는' 시나리오를 웰스에게 보여 주면서 직접 손질한 다음 감독을 해보라고 제의했다

는 것이다. ('악의 배지'라는 제목은 뒤에 스튜디오 간부에 의해
'악의 손길'로 바뀐다. 그러나 다소 추상적인 '악의 손길'보다는
'악의 배지'가 영화의 내용과 분위기를 보다 구체적으로 함축한다.
영화에서 형사 반장 행크 퀸랜(오슨 웰스)은 멕시코의 마약 전담
수사관인 마이크 바르가스(찰턴 헤스턴)가 자신의 수사 방식에 대
해 강력히 항의하자 이런 대접을 받으면서는 더 이상 못하겠다며
경찰 배지를 팽개친다.)

   아무튼 시나리오를 받아 든 웰스는 거의 대부분을 뜯
어 고쳐 원작과는 아주 거리가 먼 대본으로 개작했다. 원작에
서는 사건 발생 장소가 미국과 멕시코의 접경 지역이 아닐 뿐
더러 신혼 여행 중인 바르가스라는 이름의 멕시코 경찰 간부
도 등장하지 않는다. 웰스는 또 원작에서는 거의 비중이 없던
행크 퀸랜을 크게 부각시켰다. 사실 이 영화는 얼핏 보면 찰
턴 헤스턴과 자넷 리가 주연이지만 영화를 끌고 가는 인물은
오슨 웰스다. 〈악의 손길〉은 웰스가 출연했던 직전 작품인
〈어둠 속의 사나이〉에서 자신이 맡은 역에 상당 부분 빚지고
있다. 〈어둠 속의 사나이〉에서 그는 멕시코인들을 착취하는
미국 남부의 탐욕스러운 농장주로 나왔다. 지역에서 권세를
휘두르던 이 편협하고 광적인 인종주의자는 자유주의적인 성
향을 가진 보안관을 음해하기 위해 보안관을 살인 사건의 범

인으로 몰아간다. 자신이 출연했던 전작의 분위기를 이어받아 웰스는 행크 퀸랜을 뚱뚱한 인종주의자로 묘사했다. (그러나 퀸랜은 탐욕스러운 인물이 아니다. 경찰 초년병 시절 아내를 교살한 범인을 잡지 못한 자책감에 시달리는 그는 수사관이라는 자신의 권한을 남용해 증거를 조작함으로써 범인을 '만들어 내긴' 하지만 물욕은 없다. 물론 범죄자는 기어코 색출되어야 한다는 편집증이 탐욕이라면 이야기가 달라지지만.) 웰스가 퀸랜이라는 인물을 만들어 낸 건 당시의 사회적 상황과도 연관이 깊다. 남부에서 발생한 인종 차별 사건을 해결하기 위해 연방 방위군이 투입되는 등 자유 민권 운동이 싹트기 시작하던 시기였다.

리네이커라는 건설업자가 자동차에 장착된 다이너마이트가 터져 폭사하고, 사건을 조사하기 위해 미국 수사관과 매력적인 미국 여인을 신부로 맞아 신혼 여행 중이던 멕시코 수사관이 개입한다는 줄거리로만 보면 가벼운 스릴러와 멜로물의 성격이 짙다. 하지만 오슨 웰스는 이 펄프적인 성향에다 유럽의 지적 교양을 부여함으로써 다른 차원의 영화로 승격시켰다. 그 결과 B급 영화의 왕성한 에너지와 함께 정치적 풍자, 도덕 철학, 초현실주의 등이 합성돼 〈시민 케인〉 이후 가장 인상적인 작품이라는 평가를 받게 됐다. 앙드레 바쟁의 말대로 "자동차 극장을 찾는 오락 취향의 일반 관객과 진지한 시네아스트 모두를 만족시키는 걸작"인 것이다.

하지만 당시 미국에서의 평판은 엉망이었다. 영화가 완성되고 난 뒤 필름을 본 유니버설 스튜디오 간부들은 경악했다. 이후 편집권을 가진 스튜디오와 자신의 영화를 지키려는 오슨 웰스와의 신경전이 1년 가까이 펼쳐진다. 1957년 4월 2일 모든 촬영을 끝낸 웰스는 편집과 더빙 작업에 들어갔는

〈악의 손길〉

데, 작업 도중인 6월 6일 스티브 앨런의 TV 쇼에 출연하기 위해 뉴욕으로 떠났다. 그러나 할리우드로 돌아왔을 때는 회사에서 다른 편집자인 아론 스텔에게 새로 편집하라는 지시를 이미 내린 상태였으며 웰스에게는 편집실에 얼씬도 하지 말라는 명령이 떨어졌다. 그는 스튜디오의 후반 작업 책임자인 어니스트 님스에게 강력히 항의했으나 소용이 없었다. 기운이 빠진 그는 6월 29일 다음 작품인 〈돈 키호테〉를 준비하기 위해 멕시코로 떠났고 이 무렵 1차 편집판을 본 스튜디오 최고 책임자인 에드워드 멀은 전반부를 보다 빠른 교차 편집으로 바꾸라고 지시했다. 11월 4일 새로운 편집판을 본 멀은 스토리를 보다 이해하기 쉽도록 몇 장면을 추가 촬영하는 게 필요하다며 해리 켈러에게 연출권을 주었다. 멕시코에서 돌아와 장면이 추가된 필름을 본 웰스는 자신의 촬영 일지 등을 참조해 58쪽에 이르는 메모를 에드워드 멀에게 보내 자신의 생각을 털어놨다. 웰스가 이 메모에서 제시한 요구 사항 가운데 일부는 수용되었으나 중요한 부분에서는 받아들여지지 않아 웰스의 불만을 샀다. 특히, 찰턴 헤스턴과 자넷 리의 관계를 어떻게 설정할 것인가에 대해 양측의 입장이 극명하게 달랐다. 두 스타 배우를 달콤하고 사랑스러운 연인 관계로 만들어 관객들의 기대와 욕망을 충족시켜야 한다는 게 스튜디오의 생각이었다. 그러나 웰스는 아내의 상냥함, 남편의 친밀함이라는 통속적인 남녀 관계로 묘사하는 것에 강력히 반발했다. 이 영화에서 신혼 부부가 헤어지는 건 단순히 범죄 수사 이야기라는 플롯의 곁가지가 아니라 영화의 핵심이어야 한다는 것이었다. 웰스는 남자들이 흔히 빠져드는 추상적인 의무감 때문에 한 여자가 신혼 여행을 망친다는 식으로 관객들에게 보여지는 걸 반대했다. 단순한 선남 선녀 관계가

〈악의 손길〉

아니라 미국인 신부와 멕시코 출신의 신랑이라는 그들의 사회적 정체성과 불평등한 관계가, 두 국가의 접경 지역에서 일어난 사건 때문에 뚜렷하게 부각된다는 것이었다. 그래서 바르가스가 아내 수잔(자넷 리)을 모텔로 보내고 사건에 깊이 관여하려 하자 수잔이 크게 분노하고 두 사람의 관계도 냉랭해지도록 하는 게 웰스의 애초 아이디어였다. 그래야만 뒤에 모텔로 가는 자동차 안의 키스하는 장면에서 클라이맥스로서의 효과가 극대화될 수 있다고 보았다. 하지만 이런 제안은 완전히 거부되었다.

어쨌든 해리 켈러가 추가로 촬영한 부분을 합쳐 108분짜리 영화로 자체 시사를 가졌다. 그러나 이야기가 산만하다는 판단에 따라 다시 15분을 잘라낸 93분짜리로 1958년 2월 개봉했다. (개봉 당시 유니버설은 자넷 리가 모텔에서 위협당하는 사진을 싣고는 "이것이 그녀의 신혼 초야였다.""도대체 신랑은 어디 있는가?""이 깡패들은 누구인가?"라는 카피를 단 광고를 내보내 눈길을 끌려 했으나 흥행에 실패했다. 미국 언론들의 반응도 시원찮았다. "혼돈스럽고 예술 작품인 체한 영화.""그저 그런 작품"이라는 식이었다). 108분짜리 버전은 1976년에 프린트가 발견돼 이후 유니버설은 이 버전으로 출시했다. 그러다 지난 1998년 오슨 웰스의 메모에 따라 유니버설이 다시 편집한 버전이 개봉되었다.

스튜디오의 손질에도 불구하고 〈악의 손길〉에는 웰스적인 것들이라고 할 만한 요소들이 훼손되지 않은 채 잠복하고 있다. 많은 이들이 지적했듯이, 〈악의 손길〉은 '경계 가로지르기'라는 특징을 주조로 한다. 3분여 계속되는 도입부의 유명한 롱 테이크 장면에서 드러나듯 국가 간의 경계, 인종

〈악의 손길〉

간의 차이, 부패와 정의, 순수와 불순 등 사회와 개인을 이루는 다양한 이항 대립을 보여 주면서 그것들의 경계가 상식만큼 견고하지 않다는 걸 입증한다. 그러다 보니 〈악의 손길〉 곳곳에서 우리는 아이러니를 만나게 된다.

우선 풍성하게 등장하는 인물들에 대해 선과 악이라는 분명한 잣대를 들이대기가 힘들다는 걸 알게 된다. 수사 반장 행크 퀸랜은 부패하고 인종 차별적인 시각을 가진 인물이다. 그의 악덕은 비난받아 마땅하지만 이런 비난의 욕구를 차단하는 것은 어린 아이 같은 순진함과 그를 이 지경으로 몰아댄 과거의 상처(경찰 초년병 시절 아내가 교살당했으나 범인을 잡지 못했다) 때문이다. 사탕을 입에 문 채 과거 자주 들렀던 멕시코 창녀인 타냐(마를렌 디트리히)를 찾아가는 장면은 마치 엄지손가락을 입에 문 아이가 어머니에게 응석을 부리는 것처럼 비친다. 사실 담배 연기를 뿜어 대는 타냐의 모습에는 퇴폐적인 분위기와 함께 아련한 향수를 자극하는 묘한 신비로움이 곁들어 있다. 한편 그에게 범인으로 지목된 세바스찬(빅터 밀란)의 아파트에서 부하 경찰에게 커피를 시킨 다음 도너츠는 없냐고 묻는 장면도 퀸랜의 천진함을 보여 주는 인상적인 대목이다. 단짝인 멘치스(조셉 캘레이아)와의 사연, 즉 멘치스를 보호하려다 자신이 대신 총을 맞아 지팡이를 짚고 다니게 됐다는 사실은 그에 대한 동정과 연민을 부른다. (여담이지만 지팡이란 뜻의 영어 'cane'은 '시민 케인'의 주인공인 'Kane'과 발음이 같다. 또 퀸랜이 범행 현장에 두고 온 지팡이 때문에 곤경에 처한다는 영화 속 상황은 〈시민 케인〉 이후 할리우드에서 어려움을 겪은 오슨 웰스 자신의 당시 처지를 재치 있게 비유한 것처럼 보인다.)

〈악의 손길〉

반면 법 질서의 고결함을 믿고 이를 통해 사회 정의가 유지된다고 믿는 멕시코 수사관 마이크 바르가스는 영화가 진행될수록 자신의 신념과 다른 행동을 할 수밖에 없는 처지에 몰린다. 신혼 여행 중임에도 불구하고 경찰이라는 추상적인 의무가 몸에 배어 있는 그는 그런 태도야말로 아내를 지키고 사회의 악을 퇴치하는 길이라고 믿는다. 그러나 자신의 임무에 충실한 동안 아내는 멕시코 출신의 젊은 갱들에게 강간을 당하고 살인 혐의까지 뒤집어쓰게 된다. 윽박지르고 폭력을 행사하는 퀸랜의 수사 방식을 혐오하던 그가 아내를 폭행한 멕시코의 젊은 갱들을 술집에서 찾아 내 뮤직 박스에 머리를 짓이기는 등 분노를 폭발하는 장면은 결국 그가 무의식 중에 자신이 비난했던 퀸랜의 세계로 들어섰음을 보여 준다. 아내가 살해된 이후 부르주아적 사회 제도에 냉소적이 된 퀸랜처럼 바르가스도 법, 정의 같은 관념 대신에 악몽 같은 현실을 자기 체험으로 갖게 된 것이다.

퀸랜이 증거를 조작해 산체스를 범인으로 몰 때 관객들은 그의 수사 방식에 거부감을 느끼지만 영화 마지막에 그가 범행을 자백했다는 대사를 듣게 되면 혼란스러워진다. 산체스가 고문에 못 이겨 자백했을 수도 있지만 어쨌든 퀸랜이 절대적으로 잘못이었다고 단정하기를 주저하게 되는 것이다. 남자 주연 퀸랜과 바르가스가 법과 정의와 같은 도덕적인 문제로 서로 대립한다면 두 여성 주인공 수잔과 타냐는 성적 환상의 대상으로서의 이항 대립적인 모습으로 등장한다.

금발에다 꽉 끼는 스웨터와 속옷을 입어 성적 매력을 한껏 과시한 수잔은 대중 문화에서 그리는 남성적 욕망의 대상에 가깝다. 그녀는 활기차고 생동감에 넘치며 합리적으로

〈악의 손길〉

〈악의 손길〉

행동한다. 반면 타냐는 표정이 어두우며 나이를 짐작하기 어렵고 염세적으로 보인다. 수잔은 한 가정의 아내로서의 정숙함을 상징한다면, 타냐는 창녀로서 마치 황야에 버려진 존재 같다. 두 사람이 나오는 장면에서는 음악도 대비적으로 사용되는데, 수잔이 묵는 호텔에서는 로큰롤의 경쾌하고 빠른 사운드가 깔리는 반면, 타냐는 자동 피아노에서 나오는 차분하고 침잠하는 멜로디가 배경에 흐른다. 그러나 마냥 순결할 것 같던 수잔은 멕시코 청년들에 의해 폭행당히면서(이 장면은 이듬해 만들어진 알프레드 히치콕의 〈사이코〉를 연상시킨다. 사실 〈사이코〉에서 자넷 리를 샤워장에서 살해하는 노먼 베이츠(앤소니 퍼킨스)는 〈악의 손길〉에서 모텔의 야간 근무자로 나오는, 여성에 대한 환상과 혐오를 동시에 가지고 있는 데니스 위버로부터 끌어온 인물임이 분명하다) 이전에 가지고 있던 차분함과 명랑함을 잃어버리고 심리적 공황 상태에 빠진다. 그러나 타냐는 시종 사건의 관찰자로서 매력적인 냉정함을 유지한다. 이런 경계의 소멸과 애매 모호함에 의해 관객들은 선과 악의 구별이 무용함을 서서히 깨닫게 된다.

오슨 웰스는 주제면에서의 이항 대립을 강조하기 위해 장면을 연결하는 형식에서도 대비적이고 대칭적인 면을 강조했다. 한 남자가 시한 폭탄을 자동차에 설치하는 것으로 시작하는 도입부의 롱 테이크 장면(오슨 웰스는 어느 인터뷰에서 "많은 사람들이 도입부의 롱 테이크 장면을 얘기할 때 나는 그것이 산체스의 아파트 장면을 이야기하는 줄 알았다"고 말했다. 퀸랜과 바르가스가 세바스찬을 심문하는 그 장면은 좁은 공간임에도 불구하고 카메라의 움직임을 거의 감지할 수 없을 정도로 장면의 연결이 유려해 이 영화의 또 다른 백미라 할 만하다)은 바르가스와 수잔 커플이 국경선을 걸어서 넘는 장면과 리네이커가 탄 자동차가 달리는 장면을 교대로 보여 준다(웰스는 58쪽짜리 메모에서 이 두 장면이 시간상으로 정확히 대칭적으로 보여야 한다고 강조했다). 그러다 자동차가 폭발하면서 마치 핵 분열 하듯이 빠른 몽타주가 전개된다. 즉, 바르가스가 폭발 현장으로 달려가고 수잔은 모텔이라는 안전한 곳으로 가면서 플롯이 갈라지는 것이다. 이후 카메라는 바르가스가 있는 현장과 수잔이 있는 현장을 번갈아, 그리고 대조적인 내용을 담아 비춰 준다. 예컨대 바르가스가 가게에 들러 모텔에 있는 수잔에게 전화하는 장면을 보자. 카메라는 속옷을 입은 수잔이 모텔의 침대에 요염하게 누워 있는 장면을 비춰 준 뒤 바르가스가 전화를 하는 가게를 비춰 주는데, 이 때 카메라는 눈이 멀고 피부가 쭈글쭈글한 노파를 전경에 내세워 수잔의 매력적인 외모와 대비시킨다.

또한 오슨 웰스는 국경 도시의 타락과 이에 물든 인물들을 보여 주기 위해 로 앵글과 와이드 앵글을 자주 구사함으로써 극단적인 분위기를 창출했다. 도입부에서 폭발 장소에 몰려든 사람들을 죽은 리네이커의 시각에서 올려다본 각도로 찍은 것을 비롯해 산체스의 아파트에서 바르가스와 퀸랜이 다투는 장면에서는 두 인물의 얼굴이 와이드 앵글로 클로즈업되어 갈등을 강조했다. 또 모텔에서 젊은 갱들이 수잔을 폭행하기 위해 몰려 있는 장면, 악당 두목인 엉클 조 그랜디(아킴 타미로프)가 퀸랜에게 목을 졸려 수잔의 침대 위에 걸쳐 있는 장면 등에서도 비표준적인 앵글로 공포와 기괴함을 강조했다.

폴 슈레이더는 〈악의 손길〉을 "필름 느와르의 비명碑銘"이라고 표현했다. 필름 느와르의 역사에서 볼 때 〈악의 손길〉은 고전적인 형식의 느와르와 네오느와르의 징검다리에 해당한다는 게 정설이다. 제임스 내리모어는 오슨 웰스가 〈악의 손길〉을 통해 1940년대에 융성했던 범죄 - 멜로물을 마지막으로 화려하게 장식하면서 동시에 새로운 필름 느와르 스타일을 예고했다고 지적했다. 웰스가 자신의 영화 기법을 최대한 발휘함으로써 〈프렌치 커넥션〉 같은 쇠락한 도시 풍경을 배경으로 한 영화의 탄생을 선취했다는 것이다.

아무튼 앤드류 새리스가 "이 영화는 영화가 어떠해야 하는가에 대해 다시 생각하게끔 만드는 작품"이라고 평가했듯이, 〈악의 손길〉은 통일적인 형식 속에 다양한 개념들을 중층적으로 틈입시킴으로써 〈시민 케인〉과 나란히 영화사의 한 자리를 차지하게 되었다.

법의 미로 — 〈심판〉

오슨 웰스와 프란츠 카프카와의 만남. 〈심판 The Trial〉은 이 둘 간의 기묘한 친화성을 보여 주는 영화다. 제임스 내리모어는 웰스가 카프카가 보여준 현대적인 감성에 많은 영향을 받았으며 이 둘의 작품이 공통적으로 꿈만큼이나 불합리한 안락한 현실과 희망 없는 일상의 삶을 중심 없는 미로처럼 보여 준다고 지적했다. 또한 들뢰즈는 웰스의 영화가 카프카의 소설에서 빈번하게 등장하는 두 가지 건축 모델(불연속적인 원주와 탑/유동적인 경계선에 인접한 복도와 사무실)을 의식적으로 사용했으며 〈심판〉이 두 가지 모델을 가장 적절하게 배합한 가장 카프카적인 작품이라고 언급했다.

그럼에도 불구하고 많은 비평가들은 웰스의 에고 중심적인 시각적 스타일이 카프카의 그것과는 다르며 오히려 정반대에 위치한다고 지적한다. 예를 들어, 조셉 맥브라이드는 모든 영화 감독들 가운데 카프카에 가장 근접한 감독은 웰스가 아니라 히치콕이라고 말한다. 히치콕은 물론 카프카의 소설을 영화로 만든 적이 없고 게다가 그의 지나친 가톨릭주의는 카프카의 유머와 거리가 멀어 보인다. 하지만 히치콕의 작품에서 묘사되는 세계나 죄의식에 사로잡힌 인물들은 많은 부분 카프카적인 분위기를 느끼게 한다. 특히, 맥브라이드는

김성욱

〈누명 쓴 사나이〉나 〈북북서로 진로를 돌려라〉가 카프카의 《심판》과 닮았다고 말한다. 언젠가 오슨 웰스는 인터뷰에서 "카프카의 소설에서 좋은 영화가 만들어질 수 있지만 내가 그것을 할 수 있는 사람은 아니다"라고 말했다. 게다가 웰스는 카프카가 1920년대에 쓴 《심판》의 결말, 특히 K의 예정된 패배를 불만스럽게 생각했는데, 이런 결말이 1960년대에는 적절하지 않다고 판단했기 때문이다. 웰스는 카프카의 이야기를 영화화하고 싶어했지만 거기에는 '자신의 도덕적 요구에 맞게 원작을 수정하는 것'이라는 단서가 붙어 있었다. 할리우드를 떠나 프랑스에 머물렀던 웰스는 〈시민 케인〉 이후 가장 자유롭게 이 작업을 할 수 있었다. 그런 점에서 〈심판〉은 웰스의 영화적 세계를 가장 적절하게 느낄 수 있는 몇 안 되는 작품들 가운데 하나다. 따라서, 〈심판〉을 가장 적절하게 논의하기 위해서 웰스가 얼마나 카프카의 소설을 충실하게 번안했는가를 추적할 필요는 없다. 많은 비평가들이 그러했듯이, 중요한 것은 스타일과 기질에서 차이가 있는 이 두 명의 천재를 각자의 고유의 우주에서 해석하는 것이다. 특히 카프카의 작품에서 보여지는 캐릭터와 의미를 웰스가 어떻게 개인적인 스타일로 변형했는가를 살펴보는 것이 무엇보다 필요하다.

〈심판〉

법의 우화와 죄의식

웰스는 법에 관한 카프카의 우화에 매력을 느꼈고 카프카의 소설과는 달리 그것을 영화의 첫 부분에 삽입했다. 보이스오 버 내레이션으로 나오는 이 우화는 '법의 문'으로 들어가려 는 한 남자의 비참한 삶의 여정을 그린다. 웰스는 이 우화를 알렉세이에프의 핀스크린 *pinscreen* 테크닉으로 만들어진 일종 의 슬라이드 쇼처럼 보여 준다. 이 우화는 두 번 반복된다. 영화의 첫 부분에 나오는 우화에는 별다른 논평이 없다. 영 화의 끝 부분 변호사(오슨 웰스)는 K(안소니 퍼킨스)에게 이 우화를 담은 일러스트레이션을 마치 영화처럼 상영하면서 이 우화에 담긴 상징적인 의미를 말한다. 변호사는 자유 의지에 따라 K가 이 곳까지 왔으며(법의 문), 법정에 도전하려는 K 의 태도를 미친 짓이라고 나무란다. 웰스는 카프카의 소설과 는 달리 광분한 K가 변호사의 말을 중단시키도록 바꿔 놓았 다. 웰스는 카프카의 소설이 묘사하는 K의 예정된 패배와 부 조리한 삶의 시각과는 다른 결말을 원했다. 그는 카프카의 허무주의적인 시각을 공격하면서 K를 좀더 능동적인 인물로 형상화했고, 결말 또한 카프카의 소설과는 다르게 구성했다. 사형 집행인인 두 사나이가 K의 심장을 칼로 찌르고, K가 "개와 같구나. 죽어도 치욕은 남는 것 같았다"라고 말하는 카 프카의 소설과 달리 웰스의 〈심판〉은 K가 패배를 거부하면서 자살하는 것으로 끝난다.

앞에서 보았듯이 웰스는 카프카의 결론이 지나치게 패 배적이며 현 시대에 어울리지 않는다고 생각했던 것이다. 그 는 보그다노비치와의 인터뷰에서 "나는 카프카가 600만 명의 유태인이 죽은 후에도 그렇게 소설의 결말을 지었을 것이라

〈심판〉

고 생각하지 않는다. 끔찍한 사실이 〈심판〉을 읽은 후에 떠올랐다. 나는 카프카의 결말이 불가능하다고 생각했다"라고 말했다. 많은 비평가들은 카프카의 소설이 합스부르크 군주 정치 아래에서 신음했던 평범한 사람들의 일상적인 삶을 악몽의 시각으로 그린 것이라고 말한다. 카프카가 묘사한 사회는 최초의 파시스트 사회고, 그 사회에서 사람들은 대상 혹은 소송 사건으로 변형된다. 거대하고 불가사의한 관료제가 또한 그들을 둘러싸고 있다. 웰스는 K가 마지막으로 내뱉은 "치욕은 남는 것 같았다"라는 말이 죄의식을 대변하는 것이며 K의 태도가 법의 권위를 무의식적으로 수용하는 것이라고 생각했다. 물론 K는 악을 대변하고 동시에 악의 부분인 사회의 어딘가에 속한다. 그가 유죄인지 결백한지는 불분명하지만 그는 '죄의 사회'에 속했고 그 사회에 알게 모르게 협력했다. 그래서 웰스는 영화의 마지막에서 K를 수동적인 협력자로 방치하는 것이 나치의 등장을 필연적인 것으로 받아들이는 것이며 카프카와 나치 간의 무의식적인 공모를 의미하는 것이라고 믿었다. 사실 웰스가 카프카의 소설에서 중요하게 고려한 것은 K가 정말 유죄인가 무죄인가라는 사실이 아니다. 웰스는 그것을 판결하는 것이 불가능하다고 생각한다. 카프카의 소설이 묘사하듯이 법은 초월적이면서 또한 내재적이다. K가 유죄인지 아니면 결백한지를 판단하는 것은 사실상 불가능하다. 중요한 것은 죄의 사실 여부가 아니라 죄지음과 결백함에 대한 K의 태도였다. 웰스는 죄지음과 결백함에 대한 K의 태도가 〈심판〉의 요점이며, 카프카는 그것을 단지 하나의 방식으로 다뤘을 뿐이라고 생각했다. 웰스가 원한 것은 죄의식과 결백함에 대한 K의 태도를 다양한 각도에서 다루는 것이었다.

카프카와 웰스의 친화성과 차이

카프카의 소설과 웰스의 영화가 지닌 친화성과 차이는 〈심판〉의 시간과 공간에 대한 묘사에서 또한 두드러지게 나타난다. 제임스 내리모어는 웰스가 현대 예술의 경향에 대해 강한 불만을 지녔다고 지적한다. 웰스는 현대 예술이 역사에서 일탈하면서 추상적이고 부조리한 상황을 지나치게 추상적으로 묘사한다고 생각했다. 초기 모더니즘, 특히 큐비즘과 표현주의 회화, 조이스와 카프카의 문학 실험은 추상 표현주의와 베케트, 이오네스코의 부조리극으로 변형되었고, 이것은 루카치의 표현을 빌리자면 진정성의 상실을 초래했다. 시간과 장소에 대한 역사적인 인식, 살아 있는 세팅과도 같은 조이스의 더블린이나 카프카의 프라하를 가능케 한 시간과 장소에 대한 구체적인 인식은 모더니즘 예술과 더불어 일종의 불모지로 변모했다. 핵 시대와 냉전이 또한 추상으로의 후퇴를 부채질했다. 웰스는 예술의 몰역사적인 태도를 문제삼으면서 카프카의 소설을 1960년대 현대 사회로 옮기고자 했다. 〈심판〉에서 K의 거대한 사무실에는 850대의 책상에 타자기를 두드리는 타이피스트가 앉아 있고, 그 위에는 거대한 컴퓨터가 놓여 있다. 웰스는 추상화를 피하면서 1960년대 관료화된 사무실의 풍경을 구체적으로 묘사하기를 원했다. 내리모어는 K의 태도가 "삶이 부조리하다"고 말하는 당시의 예술적인 경향에 대한 일종의 비평이며 영화의 후반부 피토렐리가 그린 불가해한 '액션 페인팅' 또한 당시 유행했던 예술의 추상화 경향에 대한 웰스의 미심쩍은 태도를 형상화한 것이라고 지적한다.

웰스가 1960년대 풍미했던 현대 모더니즘 예술에 비판

〈심판〉

적인 거리감을 두었던 것은 사실이다. 하지만 〈심판〉은 카프카 소설의 원본이 지닌 '진정성'을 상실한 작품이며 역설적으로 베케트가 만든 '부조리극'의 영향이 곳곳에서 발견되기도 한다. 특히, K가 뷔르스트너에게 줄 생일 케이크를 들고 집으로 돌아올 때 큰 가방을 질질 끌고 걸어가는 여인과 만나는 매우 긴 트래킹 숏에서 이런 특징이 잘 나타난다. 사회주의 관료제의 음산한 분위기가 길게 드리워진 공공 주택의 모습과 불모지에 가까운 환경(이 장면은 유고슬라비아에서 촬영되었다)이 만들어 내는 황량한 풍경은 실존주의적인 분위기와 더불어 추상적인 인간의 조건을 느끼게 한다. K는 옆방에 살던 뷔르스트너가 쫓겨난 이유에 대해 여인에게 다그치며 묻는다. 점차적으로 K는 뷔르스트너의 추방에 자신이 일말의 책임이 있음을 느낀다. 이 장면은 K의 죄의식이나 부조리가 '죄의 사회 guilty society'의 산물이라는 점을 명백히 보여 준다. 매우 추상적인 이 풍경은 그러나 웰스의 원래 의도보다는 덜한 것이었다. 웰스는 사실 〈심판〉의 공간을 좀더 추상화하기를 원했다. 그가 처음 구상한 세팅은 사실적인 요소들이 점점 줄어들고 희미해지면서 시공간 연속체가 단지 대지와 하늘 간의 빈약한 선으로 점점 추상화되는 것이었다.

〈심판〉의 세트에 관한 에피소드가 이러한 측면을 잘 보여 준다. 웰스는 〈심판〉의 모든 내부 세트를 설계하는 데 많은 시간을 허비했다. 특히, 그는 사형 집행인이 걸어가는 영화의 마지막 장면을 프라하와 자그레브의 실제 거리와 거대한 세트에서 촬영할 계획이었다. 하지만 제작비 부족 때문에 웰스의 이러한 기획은 실현되지 못했다. 그는 프랑스의 한 호텔에서 어떻게 세트 없이 영화를 촬영할 것인가 심각하게 고민했고 우연히 오르세이 역의 시계가 마치 두 개의 보

〈심판〉

름달 이미지처럼 그에게 다가왔다. 그는 새벽 4시에 황급히 오르세이 역으로 향했고 이미 황폐해진 오래 된 기차역 주변을 걸어다녔고, 마침내 거기에서 자신이 필요로 했던 모든 이미지를 발견했다. 〈심판〉을 완성하기 전 BBC – TV와의 인터뷰에서 웰스는 베케트의 부조리극을 떠올리게 하는 그 공간에 대해 다음과 같이 언급한다.

"나는 오르세이 역에서 카프카의 세계를 발견했다. [그 곳은] 작업을 하기에 매우 거대한 장소며 촬영하기에 매우 아름다운 장소일 뿐만 아니라, 완전히 슬픔으로 가득 찬 장소기 때문이다. 사람들이 기다리는 기차역에 쌓인 일종의 슬픔…… 나는 그것이 꽤나 신비하게 들린다는 것을 안다. 하지만 실제로 기차역은 슬픔으로 가득찬 장소다. 그리고 내 이야기는 기다리고, 기다리고, 그들의 서류가 채워지기를 기다리는 사람들에 관한 것이다. 그것은 관료주의에 대한 희망 없는 투쟁으로 가득 차 있다. 채워질 서류를 기다리는 것은 기차를 기다리는 것과 닮았다. 그리고 그 곳은 또한 피난자의 장소다. 사람들은 거기에서 나치의 감옥으로 보내졌다."

두 가지 건축 모델

그런 점에서 "카프카의 소설이 사실적으로 묘사된 세계에서 거주하는 기이한 인간들을 그리는 반면 웰스의 〈심판〉은 악몽과도 같은 세계에 거주하는 실제 인간을 다룬다"라는 엘리엇 스테인의 지적은 반쯤의 설득력만을 지닌다. 웰스의 건축학적 공간은 다분히 카프카적이기 때문이다. 웰스와 카프카의 차이에도 불구하고 웰스는 카프카의 소설을 매우 뛰어나

〈심판〉

게 건축학적인 모델로 현실화했다. 〈심판〉에서 악몽과도 같은 세계는 K가 미로처럼 구불구불 이어지는 회랑(복도)을 지나는 여정에서 점점 명백해진다. 이 모든 것은 K의 얼굴을 클로즈업으로 보여 주는 영화의 오프닝 신에서 일찌감치 예고된다. K가 누워 있는 침대의 반대편. 문이 열리면서 검은 모자를 쓴 남자가 K의 방으로 들어온다. 잠에서 깬 K는 형사들로부터 취조를 받고 어리둥절한 K는 이리저리 방을 돌아다닌다. 로 앵글로 보여지는 K의 방 내부는 다른 방으로 통하는 여러 개의 문들로 연결되어 있고, 이것은 마치 작은 미궁처럼 보인다. 이 장면은 컷 없는 롱 테이크로 보여지고 K는 문을 통과하면서 예기치 않은 사람들과 만난다. 6분이 넘는 이 장면은 〈심판〉의 모든 이야기를 K의 무의식 혹은 K의 거대한 악몽처럼 보이게 만든다. 등에 바짝 붙어 악몽처럼 K를 쫓아다니는 편집증적인 법과 죄의식처럼 트래킹 숏은 K를 늘 따라다닌다. 이 장면은 또한 K가 어떻게 미로와도 같은 관문 (법정으로 통하는 문, 법으로 통하는 관문)을 이후에 통과하게 될 것인가를 예시한다.

K가 미로처럼 통과하는 법은 아득하게 먼 초월적인 힘처럼 보인다. 우화에서 묘사된 것처럼 초월적인 법의 세계에 K는 들어갈 수 없고 결코 직접적으로 법과 만나지 못한다. 고도로 위계화된 이러한 법 체계는 법정의 수직적인 구도와 대성당의 수직적인 모티프로 이어진다. 하지만 이 초월적인 법은 아득해 보이지만 또한 늘 K의 곁에 가장 가까이 있다. K가 느끼는 편집증에 가까운 죄의식처럼 초월적인 법은 늘 K를 따라다닌다. 하지만 〈심판〉에는 편집증적인 법과는 다른 분열적인 법 또한 존재한다. 각각의 방은 기다란 복도와 회랑과 연결되어 외관상 가장 멀리 떨어져 있지만 또한 인접해

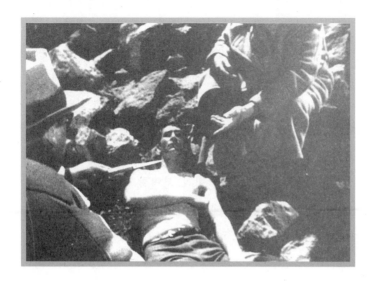

〈심판〉

있다. 여기서 각각의 방은 초월적이라기보다는 내재적인 방식으로 연결된다. K의 방과 뷔르스트너의 방은 긴 복도 때문에 멀리 떨어져 있지만 두 방을 연결하는 뒷문 때문에 또한 가장 인접해 있다. 미로는 이러한 분열증적인 법의 모델과 밀접하게 관련되어 있다. 들뢰즈가 지적하듯이, 이러한 분열증적인 법은 편집증적인 법을 전복시키면서 일종의 탈주선을 만들어 낸다. 편집증적인 법과 분열증적인 법, 불연속적인 원주, 탑과 유동적인 경계선에 인접한 복도와 사무실이라는 두 건축 모델은 티토렐리의 방에서 가장 정교하게 결합되어 있다. 티토렐리의 방으로 향하는 계단은 현기증을 일으키는 아득한 수직 계단으로 구성되지만 그 방의 뒷문은 구불구불한 긴 복도로 연결되어 법정으로 통한다. 티토렐리가 그린 눈먼 정의의 여신은 또 다른 의미에서 이러한 법의 이중성을 표상하는 이미지다.

웰스의 자화상

흥미로운 것은 웰스가 이 영화에서 변호사로 분했을 뿐만 아니라 11명의 다른 캐릭터의 음성을 자신의 목소리로 더빙했다는 사실이다. 우리는 어디에나 편재하는 웰스의 존재를 느낄 수 있다. 웰스의 그런 의도가 어떤 효과를 주었는지는 분명치 않다. 게다가 소설과 달리 K가 사형 집행인에게 반항하면서 다이너마이트를 폭파시키는 영화의 마지막 장면은 버섯 구름이 불러일으키는 이미지만큼이나 구구한 해석을 낳기도 했다. K의 도전은 카프카의 소설에서 그려진 패배보다 적극적인 행위이긴 하지만 그보다 더 치명적인 카오스를 제공하는 것처럼 보이기 때문이다. 소설처럼 K가 패배했다면 적어도 그는 무고한 희생자로 보일 수 있었다. 카프카는 K를 파괴적인 체제의 대리인이자 미로의 끝에서 더 이상 전진할 수 없는 쥐처럼 그렸고, 그의 죽음은 따라서 '치욕스런 개의 죽음'처럼 보인다. 하지만 웰스는 K를 자유 의지를 지닌 인물, 자신의 행동에 책임을 느끼는 인물로 형상화했다. 법에 관한 우화를 강변하는 변호사나 책임을 묻는 사제에게 K는 자신에게 책임이 있다고 답변한다. 최종적으로 K의 죄는 '오만'에서 비롯된 것처럼 보이기까지 한다. K의 자유 의지에 따른 자살은 그래서 한편으로 세계를 파괴하지만 또 다른 한편으로 죽음만이 이러한 광폭한 사회 질서로부터 벗어날 수 있는 유일한 탈출구처럼 보이게 만든다. 비관주의와 오만, 매너리즘과 기묘한 낙관주의가 뒤섞인 〈심판〉에서 우리는 〈시민 케인〉 이후 웰스의 진정한 자화상과 또 한 번 만날 수 있다.

웰스의 셰익스피어 영화

평생의 화두, 셰익스피어

오슨 웰스에게 있어 윌리엄 셰익스피어는 일생의 화두였다. 그만큼 다양한 매체를 통해 끝없이 셰익스피어에게로 회귀한 예술가는 아마 찾아보기 힘들 것이다. 무대에서, 라디오에서, 영화에서, 감독으로서, 각색자로서, 연기자로서 그는 끊임없이 셰익스피어를 표현하고 해석하고 연기하며 일생을 보냈다.

그리하여 웰스가 영화, 연극, 라디오를 섭렵하는 드라마의 천재로 성장한 과정은 곧 윌리엄 셰익스피어의 작품 세계를 스폰지처럼 흡수하고 다시 쏟아 내는 과정이었다 해도 과언이 아니다. 성장기 웰스에게 있어 셰익스피어는 극예술의 다른 이름이었다. 그의 어머니는 동화책 대신 셰익스피어 희곡을 아기였던 웰스의 침대 옆에서 읽어 주었다. 그는 세 살 때, 찰스 램의 어린이용 다이제스트로는 만족할 수 없다며 원전을 사 달라고 어머니를 조르기도 했다. 열 살 때는 방에 처박혀 머리를 풀어헤치고 미친 노인 리어 왕으로 분장하는 놀이를 즐겨 했다. 개인 교사에게 영재 학습을 받으며 인형극으로 극적 상상력을 키워 가던 오슨 웰스는 자유 분방한 영재 학교 토드 스쿨에 입학해, 남학생들만으로 구성된 —

셰익스피어 당대의 소년 극단과 놀랄 만큼 유사한 — 학교 연극부(Todd Troupers)를 이끌게 된다. 교장 로저 힐의 적극적인 지원 아래 온갖 극적 실험을 마음껏 시도하며 셰익스피어 정전의 대다수를 거의 주마다 완벽에 가깝게 연출해 무대에 올리는 천재성을 과시했다. 심지어 이 당돌한 소년 감독은 《헨리 6세 Henry the Sixth》 3부작과 《리처드 3세 Richard the Third》를 대담하게 뒤섞어 〈불만의 겨울 Winter of Our Discontent〉이라는 새로운 극을 창조해 각색·주연·연출의 세 역을 맡아 무대에 올리기까지 했다. 〈불만의 겨울〉은 이 놀라운 장인이 이미 도제 시절에 셰익스피어에 대해 자신만의 독특한 접근 방식을 분명하게 형성했음을 보여 준다. 그로테스크할 정도로 충격적인 곱사등이 왕 리처드의 형상에는, 틀림없이 훗날의 역작들과 일맥 상통하는 오슨 웰스의 캐릭터가 낙관처럼 찍혀 있었다.

결국 필름으로 남은 것은 단 세 작품뿐이지만, 웰스는 자신을 매료시켰던 셰익스피어의 몇몇 주제를 일생 동안 변주하다시피 했다. 《맥베스 Macbeth》를 영화화하기 10년 전인 1936년 이미 오슨 웰스는 약관의 나이에 할렘에서 맥베스를 흑인으로 설정하고 몽환적 정글을 배경으로 한, 충격적인 〈부두교 맥베스 The Voodoo Macbeth〉를 무대에 올려 엄청난 상

토트 스쿨에서의 셰익스피어의 〈십이야〉 공연 모습(1933년).

업적 성공을 거둔 바 있다. 그런가 하면 〈위대한 앰버슨 가〉에서 패니 역을 맡았던 아그네스 무어헤드를 맥베스 부인으로 캐스팅해서 〈맥베스〉를 라디오 드라마로 각색해 방송한 적도 있다. 〈맥베스〉의 영화화는 일과성의 기획이 아니었다. 오랫동안 깊은 고민을 거쳐 온갖 매체의 가능성을 타진하고 극적 표현을 실험해 온 일관된 작가적 관심의 연장이었을 뿐이다. 마찬가지로 3년이라는 기록적인 제작 과정 동안, 상상할 수 없는 현실적 어려움에 맞부딪혀 숱한 일화를 만들며 악전 고투 끝에 제작된 〈오셀로〉 역시, 셰익스피어에 대한 웰스의 끊임없는 매혹을 훌륭하게 증언하는 작품이다.

셰익스피어는 웰스 예술 세계의 출발점인 동시에, 어떤 의미에서 궁극적 지향점이기도 했다. 웰스 스스로도 "내게 있어, 셰익스피어는 삶을 지탱하는 양식이다"[1]라고 토로한 바 있다. 말년의 걸작 〈심야의 종소리〉는 웰스에게 셰익스피어가 어떤 의미인가를 보여 주는 훌륭한 증거로 남는다. 부제가 "폴스타프 Falstaff"였던 〈심야의 종소리〉는 셰익스피어 역사극에 대한 웰스의 중단 없는 천착이 비로소 도달한 종착역이었다. 그것은 30여 년에 걸친 결코 짧지 않은 여정이었다. 셰익스피어 역사극은 10대 시절의 〈불만의 겨울〉에서부터 이미 웰스의 상상력에 불을 당겼다. 그리고 이 꺼지지 않는 상상력의 불길은 1938년 머큐리 극단에서 웰스가 도전했던 〈다섯 왕들〉이라는 돈 키호테적인 기획으로 이어졌다. 호머의 대서사시 《일리아드》에 견주어 "헨리아드"라고 불리는 《헨리 4세》 3부작과 《헨리 5세》를 단 한 편의 극으로 묶어 상

1. Penelope Houston, "Orson Welles," *Cinema: A Critical Dictionary*, Richard Roud (ed.), Secker & Warburg, 1980, p.1066.

웰스가 연극 공연과 함께 상영하기 위해 1938년에 만든 단편 영화 〈투 머치 존슨Too Much Johnson〉.
가운데는 조셉 코튼.

연하려고 했다. 하지만 웰스의 거대한 기획은 회전 무대와 같이 실험적인 장치들을 도입했지만, 극단의 간섭과 지나치게 긴 상영 시간 등으로 인해 작가인 웰스의 의도를 충분히 살리지 못한 채 무참한 실패로 주저앉고 만다. 가장 큰 실패의 원인은 분명 장대한 서사의 극적 구심점을 발견하지 못한 웰스의 미숙함이었다.[2] 그러나 오슨 웰스는 잊지도 포기하지도 않았고, 훗날 폴스타프라는 훌륭한 극적 구심점 — 그리고 너무도 적절한 웰스 자신의 메타포 — 을 발견해 낸 그는 마침내 플랜태저넷 왕가의 서사를 〈심야의 종소리〉라는 걸작 영화로 옮기는 데 성공한다.

그러나 평생에 걸쳐 셰익스피어를 천착했음에도 불구하고, 오슨 웰스는 로렌스 올리비에나 최근의 케네스 브래너 등과 달리, '셰익스피어인 Shakespearean'으로서 정통성을 인정받은 적이 없다. 20세기 중반 제작된 셰익스피어 영화는 손에 꼽을 정도인데도 《케임브리지 셰익스피어 연구》의 논문 〈영화와 텔레비전에서의 셰익스피어 Shakespeare on Film and Television〉는 〈맥베스〉와 〈오셀로〉를 언급도 하지 않는다.[3] 〈맥베스〉와 〈오셀로〉가 개봉되었을 당시의 리뷰들은 하나같이 로렌스 올리비에와 비교하며 실패한 셰익스피어로 매도했다. 그러나 조나단 로젠봄의 솔직하고 재치있는 표현을 빌리면 그건 모두 "웰스가 두 무릎을 꿇고 셰익스피어를 떠받들지 않았기"[4] 때문으로 보인다. (〈맥베스〉를 논하며 다시 살펴보겠지만, 이러

2. Richard France, "Preface to Five Kings," *Orson Welles on Shakespeare*, Greenwood Press, pp.171~3.

3. Robert Hapgood, "Shakespeare on Film and Television," *The Cambridge Companion to Shakespeare Studies*, Cambridge University Press, 1986, pp.257~72.

4. Jonathan Rosenbaum, "Othello Goes to Hollywood," *Placing Movies*, University of California Press, 1995, p.127.

한 반응은 오슨 웰스의 영화들보다 오히려 할리우드와 나아가 미국의 문화에서 셰익스피어가 유통되는 방식에 대해 훨씬 더 많은 것들을 말해 준다.)

앤드류 새리스는 "웰스의 영화들은 모두 자서전 작가로서의 예술가가 지니는 위압적인 존재감을 축으로 설계되어 있다"[5]는 사실을 꿰뚫어 본다. 웰스의 셰익스피어 영화 역시 예외는 아니다. 셰익스피어의 서사 속에서 웰스는 언제나 극히 사적인 요소를 찾아 내어 셰익스피어의 텍스트 속에 자신의 존재를 깊게 각인하곤 했다. 한없이 주관적이고 사적인 웰스의 셰익스피어 해석은 케네스 브래너나 로렌스 올리비에가 최대한 객관적이고 공적인 셰익스피어를 재건하려 했던 방식과 첨예하게 대조된다. 예를 들면, 케네스 브래너가 셰익스피어의 텍스트를 무삭제로 영화화하는 4시간짜리 프로젝트를 성사시켰을 때, 그것은 브래너의 〈햄릿〉이 아니라 셰익스피어의 〈햄릿〉이라는 헌정의 제스처였다. 그리고 이는 셰익스피어의 참된 적자로서 주류 영화계에서 정통성을 담보하려는 정치적 표현이기도 하다. 그러나 이는 애초부터 웰스의 안중에 없었던 접근 방식이다. 웰스에게 있어 셰익스피어는 훼손해서는 안 될 신성한 '원본'이 아니었다. 오직 끝없는 매혹을 불러일으키고 상상력을 자극하는 살아 있는 서사의 보고였을 뿐이다.

5. Andrew Sarris, "Orson Welles," *The American Cinema*, Dutton Books, 1968, p.79.

〈맥베스〉: 비극을 잃고 떠도는 기표

웰스의 첫 셰익스피어 영화인 〈맥베스〉는 낯설고 기묘한 분위기를 지닌다. 시종 일관 시공을 가늠할 수 없는 혼탁한 안개 속에서 진행되며, 심지어 맥베스 부인은 지퍼가 달린 드레스를 입고 등장한다. 시대를 복원하거나 고증하려는 리얼리즘적 시도는 어디서도 찾아볼 수 없다. 삶의 공간이나 문명의 흔적도 전혀 찾아볼 수 없다. 공간은 분할되지 않고, 끝없이 이어지며 한없이 경계를 흐릴 뿐이다. 맥베스가 아니라 훈족의 아틸라 같다는 조롱을 받았던 동서양을 가늠할 수 없는 맥베스의 의상, 성채라기보다는 원시인들의 바위 동굴이라 해도 어울릴 야만적이고 비인간적인 맥베스의 성채를 보면, 일견 맥베스의 행동이 부자연스럽기는커녕 당연하게까지 보인다.

이 공간은 이미 윌리엄 셰익스피어의 세계가 아니다. 천륜을 거스르고 자연을 거스르는 대역모를 감행한 맥베스의 거대한 정치적 야망은 신의 권력과 속세의 권력이 첨예한 긴장을 이룩하던 당시, 신을 거스르고 자신이 신이 되고 싶어했던 르네상스인의 파우스트적 야심을 반영한다. 또한 야만은커녕 고도로 세련된 문명이 낳은 군주제의 정교한 이데올로기 없이는, 맥베스의 행위가 불러오는 무서운 결과를 설명할 수 없다. 맥베스의 시해와 왕권 침탈은 전 우주의 질서를, 그리고 우주의 축소판인 자신의 심신의 질서를 모조리 뒤흔드는 거대하고 매혹적인 금기요, 죄악이다. 그 스케일은 왕과 국가와 세계, 만물이 유기적으로 연결되고 삼라만상이 거대한 사슬처럼 정교한 위계 질서를 이루며 제 자리를 지키는 16세기의 르네상스적 이데올로기 속에서 가능한 비전이

〈맥베스〉

다. 왕권의 부패가 곧 국가의 부패가 되고 정통성을 잃은 왕의 죄악은 전세계의 질서를 뒤흔드는 재앙을 낳는다. 이 재앙은 세계의 본질이 한없이 아름답고 경이로울수록 무섭고 통렬하다. 예컨대, 덩컨이 도착하던 당시 쾌청하고 아름답고 순결하던 둘시네어 성의 모습과 기상 이변과 재해가 꼬리를 물고 일어나는 흉흉한 장소로 변하는 후반부의 강렬한 대조는 〈맥베스〉에서 가장 핵심적인 상징 가운데 하나다. 타락과 부패와 죽음의 메타포가 고귀한 본성과 아름다운 자연에 대한 경이로운 시선과 팽팽히 양립했던 지극히 르네상스적인 시각이다.

그런데 영화 〈맥베스〉에서 오슨 웰스는 영국의 르네상스인이었던 셰익스피어의 역사적 · 사회적 맥락을 잃어, 아니 대담하게 저버리고 만다. 〈맥베스〉는 철저하게 탈문맥화되고, 사회적 · 역사적 연결 고리를 모조리 끊어 낸 정체 모를 폐쇄 공간 속에서 재창조된다. 제임스 1세 즉위 당시 첨예한 갈등을 야기했던 현실 정치의 문맥이며, 세련된 르네상스 왕궁의 화려함과 아름다운 권력에 대한 매혹, 왕권과 신권을 연결하는 담론, 왕권의 정통성을 자연의 질서와 동일시했던 정치 담론, 당대의 사회와 역사와 세계와 호흡했던 셰익스피어의 동시대성을 오슨 웰스는 거침없이 흔적조차 남기지 않고 지워 버린다. 그리고 이 모든 것들과 함께 이 르네상스 비극을 비극으로서 지탱하는 중심적 가치관와 윤리 체계가 단숨에 폐기 처분된다. 빈 자리에 남는 것은 견디기 힘든 허허로운 공간뿐, 맥베스의 유명한 대사 그대로 '아무것도 *nothing*' 없다.

그 시커먼 허무는 오슨 웰스의 〈맥베스〉의 본질이다.

〈맥베스〉

그는 르네상스 거인의 화려한 몰락이 아니라 황량함 속에서 신을 잃은 현대인을 이끌어 낸다. 그의 〈맥베스〉는 셰익스피어보다는 오히려 베케트를 닮았다. 〈맥베스〉를 신을 잃어버린 현대의 표현주의적 전위극으로 완전히 재창조했다. 르네상스의 신과 질서라는 대서사가 사라진 자리를 마녀들의 실루엣이 차지하고 앉아 인간의 운명을 좌지우지한다. 가마솥에서 어린 아이의 형상을 빚어 내며 맥베스를 '창조'하는 첫 장면은 셰익스피어의 원본에는 없다. 맥베스가 죽는 순간 목이 잘리는 이 인형의 이미지는 맥베스의 세계에 결정론적 페시미즘의 그림자를 짙게 드리운다. 맥베스는 정당성도, 합리도 없는 미친 힘의 꼭두각시 같은 존재가 되어 버린다. 그에게 허락된 것은, 이해할 수 없는 비합리적인 '욕망'뿐이다. 맥베스의 권력욕은 관객에게 어떤 정당한 사유도, 명분도, 매혹도 없어 보인다. 그저 파괴하고 소유하려는 야만적이고 맹목적 본능처럼 보일 뿐이다. 웰스가 창조한 황폐한 폐쇄 공간은 심지어 사람을 죽여 가면서 이런 세계를 지배한다는 것이 과연 어떤 가치가 있는 것일까 하는 회의를 갖게 할 만큼 충분히 초라하고 추하다. 그런가 하면 덩컨의 살해를 고민하는 맥베스의 화려한 독백들은, 모두 입을 꾹 다물고 움직임도 없는 웰스의 클로즈업된 얼굴 위로 흐르는 사운드로 처리된다. 그 결과 맥베스의 갈등은 '세계를 뒤흔드는' 영웅적 고민이 아니라 비합리적인 욕망과 강박 관념에 시달리는 편집증 환자의 번뇌처럼 보인다. 가장 끔찍스런 것은 그에게 선택의 여지가 없다는 사실이 끝없이 환기된다는 사실이다. 미리 결정되어 버린 운명 속에 갇힌 폐소 공포증은 숨이 막힐 정도다. 예컨대, 원작보다 훨씬 더 비중 있게 처리된 '코도 영주 Thane of Cawdor'의 사형 장면에서 미장센은 맥베스가

〈맥베스〉

결국 코도의 영주 뒤를 밟을 것이며 출구는 어디에도 없다는 함의를 짙게 풍긴다. 전투에서 돌아온 맥베스가 아내를 포옹하는 장면에서 관객의 시선을 붙잡는 것은 모반 혐의로 살해된 코도 영주의 시신이 불길하게 허공에 떠 있는 실루엣이다. 죽이고 죽고 또 죽이고 죽는, 끊을 수 없는 사슬은 이 부조리한 세계에서 지극히 자연스런 생리처럼 보인다.

이 세계에는 진정한 의미의 극적 갈등이 존재하지 않는다. 이러한 죽음의 카니발에 희망의 빛을 던져 줄 참된 권위가 부재하기 때문이다. 맥베스에게는 선택의 여지가 주어지지 않는다. 셰익스피어의 텍스트에서는 첫 장면 마녀의 등장에 바로 이어 덩컨과 맬컴이 나누는 대화가 따라붙는다. 그 효과는 마녀의 권력과 대등하게 양립할 만한 선하고 정당한 권위를 맥베스 앞에 공평하게 제시하는 것이다. 그러나 웰스는 덩컨과 맬컴의 대화를 삭제해 버린다. 덩컨의 권위와 마녀의 존재가 공존하는 셰익스피어의 세계에서라면 "이토록 아름답고도 흉흉한 날은 처음 보았소 *So fair and foul a day I have not seen*"라는 맥베스의 대사는 참으로 극적인 울림을 가질 것이다. 그러나 자의적이고 비논리적인 스핑크스 같은 마녀들이 장악해 버린 오슨 웰스의 세계에는, 대안적 가치 체계를 제시할 만한 진정한 의미에서 '아름다운 *fair*' 존재는 전혀 없다. 그리고 아름다움이 없다면, 극의 갈등은 있을 수 없다. 예를 들면, 맥베스가 덩컨과 뱅쿠오가 표방하는 가치를 진심으로 받들었던 적이 없다면, 그의 갈등은 절대로 극적일 수 없다.

개봉 당시에는 이 작품이 그리스도적 질서와 야만적 반문명의 갈등을 다룬 작품이라는 시각이 팽배했다. 앨런 네이피어가 분한 주술사 같은 성직자와 작품 속에서 맥더프 /

맬컴 진영과 관련해 끝없이 등장하는 유치할 정도로 직설적인 켈트식 십자가의 상징과 제작사가 멋대로 끼워 넣은 교훈적인 내레이션 때문이었다. 그러나 성직자와 거대한 켈트식 십자가의 뻔뻔스러운 작위성이 오히려 이들이 지닌 권위란 기껏해야 똑같은 권력의 다른 이름에 불과하다는 사실을 적나라하게 폭로해 버린다. 드라마는 사라지고, 대신 표면으로 떠오르는 것은 기의를 잃고 떠도는 기표들의 끝없는 허망함인 셈이다. 맥베스의 야만적 의상과 맬컴이나 맥더프의 기사의 갑옷은 똑같이 무의미한 기호에 불과하다. 맥더프 가족의 금발도, 머리에 맞지 않는 맥베스의 부자연스런 사각형 왕관도, 대관식날 맥베스가 찬탈자의 얼굴을 비추어 보는 거울도, 맥더프가 머리에 쓴 십자가의 표상도, 이 영화를 가득 메운 시각적 상징들은 하나같이 끔찍하게 지독한 진부함으로 인해 오히려 스스로의 본질을 드러내 보인다. 속이 텅 빈 마분지로 만든 껍데기, 가짜라는 인식을 통렬하게 자백하는 것이다. 오슨 웰스가 〈맥베스〉를 통해 보여 주는 것은, 바로 그러한 기표의 한없이 '어두운 핵심'이다. 결국 〈시민 케인〉과 마찬가지로, 이 영화는 인생이 던지는 기표를 제대로 읽어낼 수 없다는 현대인의 공포과 불안감을 토로하고 만다. 웰스의 맥베스는 결국, 마녀가 무책임하게 던져 준 기표의 이중적 의미를 오독함으로써 파멸했으므로.

〈맥베스〉는 진부하고 값싼 시각적 상징들을 극한까지 밀어붙임으로써 자신이 셀룰로이드 필름 위에 찍어 관객들에게 던져 주는 영화라는 기표의 한없는 가벼움까지 반추하게 만든다. 셰익스피어의 〈맥베스〉가 20세기의 메타 필름이 되리라고 누가 상상이나 했을까? 기상 천외한 일이 아닐 수 없다. 그러나 만일 이것을 〈맥베스〉의 진정한 성과로 본다면,

그것은 웰스가 B급 영화의 장르적 특성을 극한까지 밀어붙였기 때문에 가능해진 성과다.

저럼한 셰익스피어를 찍어 내겠다고 호언장담하고, 단돈 7만 5000달러의 제작비를 들여 3주일 만에 찍어 낸 웰스의 〈맥베스〉는 어느 모로 보나 B급 영화의 장르적 특성들을 분명하게 보여 준다. 거칠고 낯선 스코틀랜드 악센트는 영화의 이국적 분위기를 더해 주었고, 맥베스 부인은 필름 느와르의 팜므 파탈처럼 묘한 에로티시즘을 발산하며, 연속되는 살해 장면은 언제나 피가 튀기도록 잔혹하고 댕강 잘린 머리가 구르기 일쑤다. 싸구려 배경과 서사적 논리의 부재, 리얼리즘에 대한 무관심도 전형적인 B급 영화의 특성이었다.

그러나 미국의 평단은 이 기괴한 "난해한 B급 영화, 셰익스피어적인 웨스턴"[6]을 결코 받아들이지 않았다. 입을 모아 웰스와 (전혀 다른 작업을 했던) 로렌스 올리비에 경의 〈햄릿〉과 (부당하게) 비교하며 〈맥베스〉를 아마추어적이고 조잡하다며 매도하기에 여념이 없었다. 사회 정치적 문맥에 주목하는 최근의 연구들은, 올리비에와 웰스를 차별 대우했던 당대 미국 영화계의 담론 배후에 셰익스피어가 지니던 문화적 위상과 권력의 문제가 걸려 있었음을 지적한다. 예를 들어, 마이클 앤더렉은 《오슨 웰스, 셰익스피어, 그리고 대중 문화 Orson Welles, Shakespeare, and Popular Culture》라는 최근의 저서에서 상당히 흥미로운 주장을 펼치는데, 이는 상대적으로 신생 매체였던 영화가 셰익스피어 작품의 영화화를 끊임없이 추진했던 것은 유성 영화로 진화해 거대한 오락 산업으로 진화하면서 '고급 예술'로서의 아우라와 권위를 확보하려

6. Michael Anderegg, *Orson Welles, Shakespeare, and Popular Culture*, Columbia University Press, 1999, p.97.

〈맥베스〉

는 의도였다는 것이다. 셰익스피어라는 이름을 전략적으로 '고급 예술'과 동일시하는 담론이 유포될수록 이를 수용하는 매체의 예술적·문화적 권위도 자연스럽게 상향 조정되었고, 이러한 상황은 영화 산업 전체의 이익과 맞아떨어지는 측면이 있었다. 따라서 〈라이프〉, 〈버라이어티〉, 〈할리우드 리포터〉 등 〈맥베스〉를 혹평했던 주류 '영화' 잡지가 대변하는 미국의 대중 문화(또는 할리우드)가 선호하는 셰익스피어란, 이와 같이 매체의 품격과 예술적 위상을 높여 줄 수 있는 형태로 일정하게 '제도화된 셰익스피어'에 다름 아니라는 추론이 가능하다. 말하자면 할리우드의 셰익스피어 영화 제작이란, 문화적 권위를 시스템 내에서 자가 생산하기 위한, 아카데미상과 유사한 메커니즘이었다고 볼 수 있다. 앤더렉의 주장은 마이클 D. 브리스톨7의 주장과도 부합한다. 브리스톨에 따르면 윌리엄 셰익스피어라는 존재는 일종의 '미국적 제도'로 고착되었으며, 역사가 짧고 사회적·문화적 전통이 부재한 미국 사회에서 문화적 성숙의 증거로 통용되었다고 한다. 그는 또한 미국에서 셰익스피어가 수용되는 방식은 그의 작품을 '문화적 선善, 현명한 교훈, 문명'과 동일시하는 경향과 같았다는 통찰을 덧붙였다. 할리우드 제작사의 입장에서 볼 때, 이상적인 셰익스피어 영화의 모델은 최초로 예술적 성취도와 상업적 성공이라는 두 토끼를 쫓는 데 성공하고, 동시에 고급 문화로서의 셰익스피어를 공고하게 굳힌 로렌스 올리비에 경의 1944년작 〈헨리 5세〉였다. 이는 후대의 셰익스피어 영화들을 평가하는 일종의 규준으로 굳어지다시피 했다.

---

7. Michael D. Bristol, *Shakespeare's America, America's Shakespeare*, Routledge, 1990.

B급 클리프행어 영화의 메카인 리퍼블릭 Republic 영화사가 〈상하이에서 온 여인〉 이후 몇 년 동안 제작자를 구하지 못했던 오슨 웰스에게 자사의 저예산 영화들보다 약간이나마 후한 제작비를 내놓으며 〈맥베스〉를 찍도록 허락한 데에는 이러한 계산이 깔려 있었다. 연극과 라디오를 평정한 '신동' 오슨 웰스가 할리우드에 화려한 입성을 했을 때만 해도, 그는 바로 이러한 종류의 문화적 아우라를 영화 예술에 덧씌워 줄 인물로서 업계의 기대를 한몸에 모았다. 그런데 결과적으로 〈맥베스〉는 미국에서 셰익스피어의 텍스트가 지니는 이러한 문화적·사회적 권위를 재생산하기보다는 오히려 전복되는 방향으로 움직였다. 거친 스코틀랜드 방언으로 녹음되었던 허름하고 거친 오슨 웰스의 B급 영화 〈맥베스〉만큼 '문화적 선, 현명한 교훈, 문명,' 혹은 전통이라는 개념에서 동떨어진 영화는 아마 다시 없을 것이다. 스튜디오의 입장에서는 여러 모로 당혹스럽기 그지없는 일이었다. 웰스가 셰익스피어를 살해했다고 비난한 〈라이프〉를 비롯한 언론의 집중 포화 속에서 리퍼블릭사는 공황 상태에 빠졌다. 그리고 뉴욕 개봉일을 맞추기 위해 대규모 수술을 감행했다. 리퍼블릭사의 재편집 과정에서 〈맥베스〉가 심하게 훼손된 과정을 살펴보면, 이른바 '품격 있는' 정통 셰익스피어에 대한 제도권의 보수적 담론이 시네아스트로서의 오슨 웰스를 어떻게 억압했는가 단적으로 알 수 있다. 리퍼블릭사는 〈라이프〉지에서 경멸조로 "본의 아니게 올해 최고로 우스웠던 장면"으로 지목한 맥베스와 암살자들의 장면을 삭제했고, 셰익스피어 평단의 반감을 산 스코틀랜드 방언을 정통 영어로 다시 녹음했다. 고급 문화로 유통되는 '정통' 셰익스피어에 조금이라도 더 가까이 다가가려는 필사적인 노력이었다. 웰스는 자신의

작품이 또다시 난도질당하는 것을 바라보는 수모를 당했을 뿐 아니라, 다시는 할리우드에서 스폰서를 구할 수 없게 되었다. 두 번째 셰익스피어 영화였던 〈오셀로〉는 전유럽을 돌며 구걸하듯 제작비를 모금했으며, 그나마 이탈리아의 제작사가 파산하자 자신의 호주머니를 털어 악전 고투 끝에 촬영을 끝마쳤다. 말하자면 웰스의 B급 전위 셰익스피어 영화였던 기괴한 미국 영화 〈맥베스〉는 대시인의 텍스트를 둘러싼 사회적 · 문화적 권위의 아우라를 본의 아니게 훼손한 죄과를 단단히 치른 셈이다.

〈오셀로〉: 전복된 시선, 끝없는 이야기, 무국적의 공간

〈오셀로〉는 어느 모로 보나 〈맥베스〉와 대조되는 영화였다. 3주일 만에 촬영을 끝냈던 〈맥베스〉와 달리, 〈오셀로〉는 무려 3년이 넘는 촬영 기간을 기록했다. 제작비를 버느라 웰스가 중간중간 다른 영화에 출연해야 했기 때문이다. 캐스팅도 국제적이었다. 처음에 주요 배역에 이탈리아 배우들을 캐스팅했다가 실망한 웰스는 더블린 게이트 극단의 스타인 마이클 맥리아모르에게 이아고 역할을 맡겼다. 데스데모나를 찾아 헤맸던 일화 또한 영화계의 전설 가운데 하나다. 서너 번이나 여배우를 바꾸었을 뿐만 아니라 이미 캐스트를 확정해 영화를 상당 부분 찍어 두고도, 마음에 차지 않자 끝내 수잔 클루티에를 다시 캐스팅해 처음부터 영화를 다시 찍었다. 영화에 관한 한 완벽주의자였던 웰스의 한 면모를 보여 주는 일화지만, 영화 작가 웰스에게 있어 〈오셀로〉가 얼마나 각별한 작품인가를 강조하는 이야기이기도 하다. 최종 편집권을 완전히

〈오셀로〉 촬영 현장

상실하다시피 했던 〈맥베스〉와 달리, 〈오셀로〉는 〈시민 케인〉 이후 웰스가 편집권을 온전히 사수해 낸 유일한 영화였기 때문이다. 즉, 〈맥베스〉가 최초의 B급 할리우드 장르 셰익스피어 영화라면, 〈오셀로〉는 독립 셰익스피어 영화였다.

카메라의 테크닉도 〈맥베스〉와 〈오셀로〉는 전혀 달랐다. 워낙 촬영 스케줄이 변칙적이고 불규칙한지라 유럽 전역에서 긁어모은 배우들을 한자리에 모아 놓고 카메라 앞에서 여러 가지 요소를 조정해 가며 롱 테이크로 찍는다는 건 거의 불가능한 일이었다. 따라서 오랜 리허설을 거친 후 막상 촬영 당시에는 아예 카메라를 고정시켜 놓고 단번에 찍어 내려갔던 〈맥베스〉와 달리, 찍을 수 있는 장면을 무조건 여러 앵글에서 따로 찍어서 교차 편집을 해야만 했다. 따라서 같은 저예산 영화였지만 호흡이 긴 롱 테이크의 연속으로, 마치 상연되는 연극을 촬영한 듯한 효과를 냈던 〈맥베스〉와 달리, 〈오셀로〉는 짧은 호흡으로 끊어지는 몽타주 기법에 주로 의존했다. 호흡이 긴 배우들의 연기에 의존할 수 없었기에 철저히 편집실에서 의미를 생산해 내야 했던 것이다.

이번에도 예외 없이 제작 환경이 작품의 양식과 스타일을 제약했다. 하지만 결과적으로, 우리는 열악한 상황에서 최대의 효과를 끌어 낸 웰스의 본능적인 천재성에 찬탄하지 않을 수 없다. 이 영화를 촬영하는 과정에서 웰스는 갖은 임기 응변을 다 발휘해야만 했다. 차마 웃음도 나오지 않을 정도로 기가 막힌 상황이 속출했다. 한번은 편집 작업을 하다가 로더리고가 우물에서 기어오르는 클로즈업 장면이 아쉬워진 웰스는, 이미 다른 나라에서 다른 영화를 찍던 배우에게 전화를 걸어 "이봐, 근처의 아무 우물에나 가서 고개를 내밀

〈오셀로〉

면서 클로즈업 신을 몇 컷 찍어 보내게"라고 말한 적이 있다고 한다. 심지어 웰스는 자신이 배우로 출연하던 영화 〈흑장미 Black Rose〉의 세트장에 몰래 배우들을 불러놓고 장비를 슬쩍해 도둑 촬영을 하기도 했다. 한없이 늘어진 제작 기간과 파편적인 촬영 과정의 어려움을 생각해 보면 웰스가 완성작에서 성취해 낸 단일한 비전은 거의 경이로운 것이라 할 수 있다.

처음부터 끝까지 실내에서 촬영했던 〈맥베스〉와 달리, 〈오셀로〉에서 웰스는 인위적인 세트를 거의 쓰지 않고 실제의 이탈리아 건물, 야외의 태양빛 등 실재하는 지중해의 자연 배경을 사용했다. 그러나 절벽과 바다와 하늘과 날아가는 새떼까지 웰스의 미장센 속에 완벽하게 포착되어, 철저히 통제된 세트보다 더욱 세련되고 훌륭한 효과를 창출한다. 특히 무수한 기둥들과 미로같이 복잡한 성채의 내부가 자아내는 미묘한 고딕 분위기는 압도적이며, 우물 속의 결투 장면과 배우들의 의상이 제때 도착하지 않아 할 수 없이 생선 시장을 터키탕으로 바꾸어 찍은 캐시오의 암살 기도 장면 등은 이 영화에서 가장 인상적인 시퀀스가 되었다. 과연 〈오셀로〉의 잘 다듬어진 영상들을 보노라면 영화에서 작가의 비전을 표현하는 데 편집이 얼마나 중요한 요소인가를 깨닫게 된다.

그러나 〈오셀로〉 역시 〈맥베스〉와 마찬가지로 셰익스피어의 낭랑한 언어를 유려한 대사로 전달하는 데에는 관심이 전혀 없어 보인다. 그의 영화에는 영상에 비해 사운드 트랙이 거칠고 조잡하다는 불평이 언제나 꼬리표처럼 따라다녔다. 이는 물론 열악했던 제작 환경 탓이 크다. 그러나 아무튼 웰스가 사운드 트랙보다는 미장센을 더 중요시했다는 사실은

장 콕토의 회고에서도 드러난다.8 이는 아마도 '글/텍스트의 권위 verbal/textual authority' 보다 '영상의 권위 visual authority' 를 내세우고자 하는 시네아스트적 아집의 발로가 아니었을까. 유려한 셰익스피어의 '대사'들을 관객에게 최대한 충실하게 전달하기 위해, 정확한 왕립 극단의 영국 발음으로 관객을 바라보며 독백을 읊는 올리비에나 케네스 브래너의 태도에 비하면, 대사 전달에 대한 웰스의 무신경함이 에릭 벤틀리와 같은 셰익스피어 감식가들 Connoisseurs of Shakespeare9에게는 틀림없이 견디기 힘든 신성 모독으로 보였을 터이다. 전장에서 돌아와 데스데모나와 재회하면서 "오, 나의 아름다운 전사여 Oh, My fair warrior"라는 유명한 대사로 그녀에 대한 사랑을 토로하는 부분에서는, 데스데모나의 얼굴도 제대로 보지 않고 슬쩍 대사를 흘려 말해 버림으로써 무엇이 중요한 대사인지조차 관객들이 모르고 지나칠 정도다. 나아가 핵심적인 독백을 관객에게 등을 돌린 채로, 얼굴도 보여 주지 않고 웅얼거리는 오셀로는 정통 셰익스피어 배우라면 그 누구도 생각지 못할 파격적인 연출이었다. 대사 파악의 시각적 실마리가 되는 얼굴 표정도, 입술 움직임도 보여 주지 않는 이러한 연출은 확실히 셰익스피어의 '수사'가 갖는 힘을 약화시키고 관객의 관심을 대사에서 미장센으로 돌리는 효과가 있다.

실제로 웰스는 〈오셀로〉에서 셰익스피어의 텍스트를

8. Jean Cocteau, "Profile of Orson Welles," in Andre Bazin, *Orson Welles: A Critical View*, Jonathan Rosenbaum (ed), Haper & Row, p.31. "다시 강조하거니와 영화 언어는 말의 언어가 아니다. [……] [오슨 웰스]는 문맥 전체를 이해하지는 못했을지도 모른다. 그러나 미장센의 분위기가 조금이라도 느껴질 때면 있는 힘을 다해서 내 팔을 꽉 쥐곤 했다. [……] 그는 영화의 아름다움이란 눈과 귀의 주의를 끄는 것이 아니며, 하물며 대사나 기계에 의존하는 것은 더욱 아니라고 말했다. 심지어 영사나 음향 상태가 나쁘다 해도 그것이 영화의 리듬을 해칠 수는 없어야 한다고 했다."

9. Rosenbaum, "Othello Goes to Hollywood," 앞의 책, p.128 재인용.

어떻게 하면 가장 영화적인 언어로 옮길 것인가라는 미학적 문제에 골몰했던 것으로 보인다. 이 영화는 셰익스피어의 언어가 엮어 내는 은유와 상징을 최대한 충실하게 시각적 언어로 옮기고자 하는 실험적 작업처럼 보인다. 흰 옷의 사제처럼 보이는 데스데모나와 검은 옷의 맥베스가 등장하는 순간부터, 아니 새장 속에 갇힌 이아고의 모습이 등장하는 순간부터 영화는 잘 짜여진 시각적 상징의 구조물 속으로 빨려들어간다. 진실을 보지 못하는 오셀로의 좁은 시야는 말 그대로 벽에 난 좁은 구멍을 통해 캐시오와 이아고의 대화를 몰래 엿듣는 장면으로 표현된다. 그런가 하면 극의 초반부에 오셀로는 항상 말 그대로 데스데모나를 '올려다본다.' 그런데 항상 찬연한 빛을 발하며 오셀로의 시선 위에서 등장하던 데스데모나는, 오셀로가 이아고에게 속아 그녀의 순결을 의심하게 되는 그 순간부터 문득 오셀로의 시선 밑에 위치하게 된다. 즉, 역시 말 그대로 아름다운 아내를 '올려다보며' 숭앙하던 오셀로가 이제 그녀를 '깔보게 – 내려다보게' 된 것이다. 카메라의 시선이 변화하면서 드높고 고상하던 데스데모나는 오셀로의 폭력 앞에 무기력하고 초라하고 가련한 약자로 변모한다.

이렇듯 어찌 보면 미련할 정도로 우직한 시각적 상징들은 종종 리얼리즘을 희생하며 고딕적이고 멜로드라마적인 분위기를 한층 강화시킨다. 거짓된 죄의 증거이자 데스데모나의 순결의 상징인 하얀 손수건으로 데스데모나를 질식시켜 죽이는 살해 장면은 〈오셀로〉가 풍부한 의미가 담긴 영상을 위해 기꺼이 리얼리즘을 희생할 준비가 되었음을 보여 주는 좋은 예다. 영상은 대사의 빈 공간을 채우는 소극적인 역할이 아니라, 텍스트의 표면에, 혹은 심층에 내재한 의미들을

〈오셀로〉

꺼내어 적극적으로 표현하는 대체 언어로 자리잡는 것이다.

이렇게 '극'의 공감각적 표현 가능성, 특히 시각적 표현 가능성을 극한까지 밀어붙이는 웰스의 스타일은 오셀로가 아찔한 절벽 위에서 이아고를 다그칠 때 무섭게 몰아치는 파도의 이미지에서 가장 흥미롭게 나타난다.

절대로, 이아고.
얼음같이 차가운 조류와 벽차게 몰아치는 급류를 타고
끝내 물러서거나 썰물을 타지 않으며
끝내 프로폰투스해와 헬레스폰트로 흘러들고야 마는
폰투스해처럼,
격렬하게 치닫는 내 피묻는 생각들 또한
결코 뒤돌아보지 않으리라.
Never, Iago. Like to the Pontic sea
Whose icy current and compulsive course
Ne'er keeps retiring ebb but keeps due on
To the Propontic and the Hellespont:
Even so my bloody thoughts with violent pace
Shall ne'er look back.
(*Othello*, 3. 3. 456~61)

격렬한 파도처럼 요동치는 '피묻은 생각들'이라는 메타포는 오셀로의 격정을 표현하는 핵심적인 은유다. 웰스는 이 장면에서 셰익스피어의 텍스트적 함의는 물론이고 대사가 표현하는 은유의 메커니즘 자체를 통째로 영상으로 옮기려

〈오셀로〉

시도한 셈이다. 절벽 아래 굽이치는 서늘한 지중해는 이아고의 절박함과 오셀로의 격정이 지닌 그 어떤 절대성을, 대사가 아니라 영상을 통해 관객의 망막에 새겨 뇌리에 각인한다. 그리고 언제나처럼 압도적인 웰스의 캐릭터는 그 존재감만으로도, 고아하면서도 흉측하고 부드러우면서도 폭력적이고 매혹적이면서도 혐오스러운 신비스러운 '타자적 존재'로서의 오셀로를 장면장면마다 훌륭하게 체현하고 존재를 새긴다.

그러나 현란한 미장센에도 불구하고(아니면 휘란한 미상센 덕분에?) 〈오셀로〉는 〈맥베스〉와 마찬가지로 기묘하게 관객이 정서적으로 중심 서사에 반응하도록 만드는 데 실패한다. 〈오셀로〉는 사실 셰익스피어의 비극 가운데 가장 구체적이고 가장 사적인 비극이다. 다른 비극처럼 세계의 질서라든가 왕권의 정통성 같은 거창한 주제들이 아니라, 어떤 면에서 보면 그저 아내에 대한 믿음과 사랑에 실패한 한 남자가 어리석음으로 인해 세상에서 가장 소중한 것을 자신의 손으로 파괴하게 되는 과정에 관객이 공감하고 가슴아파 하면 그것으로 그만인 극이다. 결말을 알면서도, 〈오셀로〉를 읽을 때마다 데스데모나가 이번만은 죽지 않기를 빌게 되는 강렬한 극적 서스펜스가 어찌 보면 비극으로서 〈오셀로〉의 생명인 것이다. 웰스의 〈오셀로〉에는 이국적이고 풍요롭고 완벽하게 다듬어진 영상의 흐름과 낯선 '타자적 존재'로서의 오셀로의 강렬한 이미지는 있으나, 오셀로의 고뇌와 관객의 삶이 만나는 접점이 부재한다. 오셀로의 격정과 데스데모나의 죽음은 어떤 의미에서 필연적으로 느껴질 뿐이고, 관객은 어쩐지 현란한 이미지의 향연을 바라보는 시니컬한 구경꾼 이상이 되지 못하는 느낌이다. 에릭 벤틀리가 조롱조로 "[웰스는] 연기하는 법이 없다. 카메라에 찍힐 뿐이다"[10]라는 발언을 던진 것은, 아마도 이 영화의 그런 폐쇄성, 정서적인 소원함 때문일 것이다. 〈오셀로〉의 세계는 현실과는 아무런 관계가 없이 그 자체로 완결되고 존재하는 인공 조형물 *artifact* 처럼 느껴진다.

오프닝 신은 이 문제에 대해 몇 가지 생각의 단초를 던져 준다. 오프닝 신은 웰스가 셰익스피어로부터 대범하게 일탈해 자신의 상상력을 가장 자유롭게 발휘한 부분이기에 더더욱 의미 있다. 극은 오셀로와 데스데모나의 장례 행렬이 지나가고 이아고가 성채에 매달린 옥에 갇히는 시점에서 시작된다. 장례 행렬이 지나가면서 잠깐의 암전 후에 이야기가 시작된다. 엔딩은 오셀로의 데드마스크를 보여 주는 장면과 이어지는 암전을 그대로 보여 준다. 결말의 필연성을 상기시키고 들어가면서 극은 관객의 서스펜스를 이미 절반쯤 빼앗아 버린다. 이미 있었던 일, 데자뷔 *déjà vu* 는 언제나 서글픈 필연과 체념의 기록이 되기 때문이다. 극은 이제 시작도 끝도 없이 영원히 순환하는 뫼비우스의 띠, 끝없는 이야기의 구조로 구축된다. 〈맥베스〉의 세계를 휩싸던 결정론의 비관주의는 이 작품에도 짙은 그늘을 드리운다.

그런데 이 작품이 데자뷔요, 회고의 기록이라면 도대체 그 기억의 주체는 누구인가? 웰스가 우리를 놀라게 하는 것은 바로 이 부분이다. 오프닝 시퀀스의 흐름으로 볼 때, 회고의 주체는 오셀로도 데스데모나도 아닌 단 하나의 생존자 이아고일 수밖에 없기 때문이다. 카메라의 코 앞에서 육중하게 닫히는 옥문은 카메라가 분명 그의 시선을 좇아감을 우리에게 명백히 환기시킨다. 첫 대사도 역시 이아고의 몫으로 돌아간다. 이 영화는 놀랍게도 사건을 이아고의 시선에서 바

10. Rosenbaum, "Othello Goes to Hollywood," 앞의 책, p.128 재인용.

라보는 회고록이기도 한 것이다! 그렇다면 전편을 감싸는 미묘한 거리감도, 냉소적 시선도 설명할 길이 열린다. 그러고 보면 이아고의 머리 위 하늘에 불길하게 걸려 있는 새장 같은 감옥의 이미지도, 온 세상이 감옥처럼 온통 격자문의 상징으로 점철된 것도, 오직 이아고의 시점에서 볼 때 의미 있는 상징들이다. 고귀하고 아름다운 이미지들은 오셀로의 몫이지만, 현기증나고 어지러운 혼돈의 비전은 고스란히 이아고의 것이다. 이렇게 이아고의 시선이 엮어들어오기 때문에 이 이야기는 특별해진다. 이아고는 평온에서 혼돈을 만들어내는 어떤 의미에서는 오셀로의 '작가'이기 때문이다. 그러나 이 작가는 오셀로와 데스데모나의 아름다움에 매혹당하기는 하지만, 다른 인간의 정서와 공감하지 못하고 관계를 맺을 수 없는 결핍(성 불능)자이다. 따라서 기나긴 회고가 다 끝나고 이야기가 다시 처음으로 돌아온 후에도, 그에겐 삶에 대한 어떤 깨달음이 허락되지 않는다. 이아고는 끝없이 순환하는 과거 속에 갇혀 끝내 아무것도 이해하지 못하고 영원한 형벌을 받아야만 하는 것이다. 그리고 관객 역시 그와 함께 이해할 수 없는 멀찍한 옛 이야기 속으로 초대되어야 한다.

이국적인 공간에 다국적 캐스트가 활약하는 매혹적인 〈오셀로〉의 세계는 어떤 구체적인 역사, 사회 혹은 국가 내지는 삶과도 단절된 뿌리 뽑힌 무국적자의 몽환적 공간이다. 바깥 세상으로, 역사로 탈출할 길이 없는, 어쩌면 케인이 손에 들고 있던 눈 내리는 유리공 같은 폐쇄 공간이다. 뒤집으면 눈이 내리고, 눈이 멈추면 다시 뒤집고…… 이 세계에는 연극적 · 영화적 장르의 전통에 그나마 뿌리를 박아 주던 〈맥베스〉의 롱 테이크처럼 견고한 의미 단위도, 소속도 없다. 한없이 상대적인 시선으로 교차 편집된 파편적 기억의 휘발성 아름다움이 있을 뿐이다. 오셀로는 죽기 전 "자신의 이야기를 있는 그대로 전해 달라"며, 자신의 삶과 죽음의 이야기가 덧없이 흐르는 시간 속에서 어떤 영속적인 의미를 각인하기를 원하는 르네상스적 소망을 토로한다. 그러나 이 대사는 납골당처럼 출구 없는 공간에서 공허하게 울리고, 그 위로 무덤 같은 천장의 뚜껑이 육중하게 닫혀 버린다. 그리고 오셀로의 시신은 처음 장면과 똑같이 죽음의 행진을 떠난다. 또다시 회상은 이어지겠지만 뒤바뀐 스토리텔러는 호레이쇼[11]가 아니다. 후대에 의미를 전달하기는커녕 자신에게 주어진 서사의 기표들을 읽어 낼 능력도, 의지도 없다.

〈심야의 종소리〉: 마침내 찾아 낸 역사의 예술과 삶의 접점

〈오셀로〉를 촬영한 지 14년 만인 1966년, 어느덧 오십을 넘긴 장년의 오슨 웰스는 셰익스피어를 영화화하는 기획으로 다시금 돌아온다. 5편의 역사극과 라파엘 홀린셰드 Raphael Holinshed의 영국 정사 《영국 연대기 The Chronicles of England》를 발췌 각색해 만든 야심찬 자작 대본을 영화화하기로 마음먹으면서, 처음으로 셰익스피어의 역사 의식을 정면으로 조명하고자 했다. 웰스는 앙드레 바쟁과의 인터뷰에서 셰익스피어를 이렇게 묘사한 바 있다.

[셰익스피어는] 근대로 열린 문 앞에 서 있었고, 그의 할아버지들, 마을의 노인들, 시골의 풍경, 이런 것들은 여전히

---

11. 셰익스피어의 비극 《햄릿》에 등장하는 조연으로 햄릿의 절친한 친구. 햄릿은 죽어가며 호레이쇼에게 살아남아 자신의 이야기를 세상에 알려 달라고 부탁한다.

〈심야의 종소리〉

중세에, 옛날의 유럽에 속해 있었지요……. 그의 인간적인 면모는 중세와의 연결 고리로부터 오는 것이었습니다……. 반면 그의 비관주의와 어떤 한恨은 — 셰익스피어가 이런 감정을 자유롭게 풀어 놓는 순간, 그는 '숭고함'의 경지에 도달하곤 했는데 말이지요 — 바로 근대, 갓 창조된 근대의 세계에 속하는 것이었지요.[12]

현실 정치의 근대가 창생하면서 보다 육적이고 비현실 적이지만 아름다웠던 한 시대가 불가피하게 패배하고 사라지 는 것, 이것이야말로 영화 〈심야의 종소리〉와 《헨리 4세》 2부 작의 핵심에 있는 역사 의식이며, 또한 제임스 내리모어의 날카로운 지적대로, 시대적 배경만 살짝 바꾼다면 고스란히 〈위대한 앰버슨 가〉라는 영화를 만든 어느 젊은 작가의 역사 의식이었다 해도 무리가 없다![13] 젊은 시절, 〈위대한 앰버슨 가〉에서 웰스는 아름다웠던 한 시대의 슬픈 종언과 시대의 시작을 가슴 시린 노스텔지어로 표현해 냈던 바 있다. 〈심야 의 종소리〉의 가슴 한가운데에는 그렇게 이제는 더 이상 존 재하지 않는 아름다운 과거에 대한 기억이 있다.

폴스타프: 우리는 자정의 종소리를 들어 보았지, 마스터 샐로우.
샐로우: 그랬지요, 그랬지요, 참말로 그랬지요, 존 경, 그랬어요.

추운 겨울 눈덮인 황야를 걸어가던 두 초라한 노인은 모닥불가에 앉아, 젊고 따스하고 쾌활했던 한때를 잠시 추억

---

12. James Naremore, *The Magic World of Orson Welles*, Southern Methodist University Press, 1989, p.215 재인용.

13. Naremore, 앞의 책, p.215.

〈심야의 종소리〉

한다. 〈심야의 종소리〉에서 웰스는 처음으로 자신의 이야기를 하기 위해서 셰익스피어의 역사 의식을 애써 지우거나 덧칠하려 할 필요가 없음을 발견한다.

그리고 이러한 웰스의 느긋한 여유는 화면 곳곳에서 배어난다. 그것은 연륜이 가져다준 성숙이었을까? 이 영화에서는 셰익스피어의 텍스트와 대화를 나누는 듯한, 작가의 전례 없는 편안함이 느껴진다. 혹시 저항하는 셰익스피어의 텍스트에 자신의 세계관을 강제로 새겨 넣을 필요가 없기 때문은 아니었을까? 어차피 〈심야의 종소리〉는 셰익스피어의 텍스트라기보다 웰스의 텍스트였으니 말이다.

편안하고 느긋한 여유와 애정은 카메라의 움직임에서도 드러난다. 〈심야의 종소리〉의 미장센은 그 어떤 영화보다도 아름답고 정교하게 계산된 것이면서도, 언제나 서사와 분간할 수 없을 정도로 밀착해 있어 눈에 잘 띄지 않는다. 주막의 문간에 서서 바라보는 폴스타프를 등지고 말에 훌쩍 올라차가운 안개 속의 성채로 말을 달리는 핼 왕자의 움직임은, 서사의 향방을 요약하는 중요한 상징으로 여운을 남기지만, 당장 구체적이고 꼭 필요한 극적 움직임으로 남을 뿐 전혀 부자연스런 기교로 느껴지지 않는다. 차갑고 드높고 사람의 냄새가 풍기지 않는 성채의 이미지와 교묘한 조명은, 최고 권력자가 지니는 후광의 찬란함과 동시에 그로 인해 희생해야 할 수없이 많은 것들을 말없이 전달하고, 권력자를 감싸고 도열한 드높은 창대들은 마치 감옥의 쇠창살처럼 보이기도 한다. 반면 사람과 사람의 육체가 거리낌없이 어우러지는 주점 보아스 테이번 Boar's Tavern은 나지막한 천장과 좁다란 복도, 그리고 그 좁은 복도를 꽉 채우는 거인 폴스타프의 육

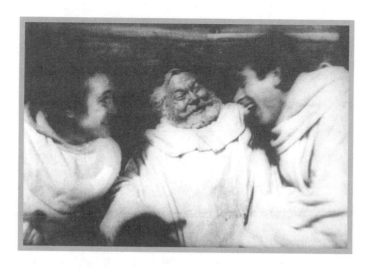

〈심야의 종소리〉

중한 체구, 이 모든 것들이 성채와 대립하여 고즈넉하고 오래 된 육적, 물리적 존재감을 주장한다. 이러한 미장센은 더이상 무의미하게 이리저리 부유하는 공허한 기표들이 아니다. 서사는 역사를 취소하려 들지 않으며, 미장센은 독자성을 주장하지 않는다.

시간의 흐름과 모든 사라지는 것, 죽어 가는 것, 멸종된 종에 대한 웰스의 지난한 애정과 공감은 폴스타프와 핫스퍼라는 두 인물을 통해 참으로 훌륭하게 표현된다. 두 사람은 각기 헬 왕자와 헨리 4세가 대변하는 냉정한 마키아벨리즘과 근대의 논리와 첨예한 대립을 이룬다. 이들은 새롭게 도래한 현실 원칙의 세계에서 살아남을 수 없는 공룡들이다. 비록 폴스타프는 헬을 아들로서 사랑하고, 헨리 4세는 핫스퍼를 탐내지만, 사실상 폴스타프와 핫스퍼는 같은 세계 — 웰스 자신의 말을 빌리면 인간적인 면모를 물씬 풍기는 중세 — 에 소속된 사람들이다. 그리고 〈심야의 종소리〉는 그런 두 사람의 죽음에 관한 냉정한 기록이다. 그러나 한편으로 이 영화를 지탱하는 것은 바로 이 두 사람의 한없는 아름다움과 사랑스러움이기도 하다. 이 때문에 이 영화는 아름다움의 붕괴와 삶의 파괴를 상기시키는 어쩔 수 없는 메멘토 모리 (Memento Mori — 죽음을 기억하라)이며, 그들의 영전에 바치는 만가가 된다.

폴스타프와 핫스퍼의 사랑스러움은 어린 아이처럼 투명한 그들의 나이브함 때문이다. 세속적이고 육적이고 탐욕스럽고 허풍스럽고 본능적인 모든 것을 대변하는 폴스타프는, 세련된 매너와 정통성을 등에 업은 기사도의 총아 핫스퍼와 전혀 다른 가치를 대변하지만, 두 사람은 모두 어린 아이처럼 거침없이 감정을 표현할 줄 알고, 유머 감각이 있으며, 의도와 행동이 투명하다. 그들은 배후에 아무것도 숨기지 않는다. (목욕탕에서 나온 핫스퍼가 수건을 떨어뜨리는 장면을 보라.) 젊은 핫스퍼는 아내와 로맨스를 즐기며 희롱할 줄 안다. 폴스타프는 돌 테어쉬트와 몸은 물론 늙어 가는 마음의 연약함까지도 진솔하게 나눌 줄 안다. 그러나 핼이나 헨리 4세는 결코 로맨스의 주인공이 될 수 없다. 그들은 이미 오래 전에 육체를 열면서도 진심을 감추는 법을 배운, 어른이 되기도 전에 노인이 되어 버린 사람들이기 때문이다. 그러나 폴스타프와 핫스퍼의 나이브한 투명성, 육체와 머리가 합일된 소박한 믿음이야말로 그들이 사라져 가야만 할 이유다.

새로운 시대의 기수 핼 왕자는 처음부터 폴스타프가 오락거리에 불과하고 시간이 오면 폐기 처분해야 할 존재라는 속내를 감추지 않는다. 그의 현실 인식은 놀랄 만큼 냉철하고 현실적인 어른의 논리를 지니며, 그는 사람도 이용할 줄 안다.

> 만일 1년 365일이 하릴없이 노니는 휴일이라면
> 오락도 일이나 마찬가지로 지루하겠지.
> 하지만 휴일이 가끔씩 온다면, 어찌 반가이 환영하지 않으랴.
> *If all the year were playing holidays,*
> *To sport would be as tedious as to work;*
> *But when they seldom come, they wish'd for come⋯⋯.*
> (*Henry the Fourth*, I. ii. 228~30).

〈심야의 종소리〉

주막의 재기 넘치는 역할 바꾸기 놀이에서 폴스타프는 냄비를 머리에 얹고 왕의 역할을 하며 "님도 쫓아 내고, 바돌프도 쫓아 내더라도, 잭 폴스타프만은 저버리지 마세요. 뚱뚱한 잭을 저버리면 온 세상을 저버리십니다"라며 비굴할 정도로 거침없이 젊은 왕자에 대한 무한한 신뢰와 애정을 고백한다. 그러나 핼은 "추방한다. 그렇게 하겠어"라는 차가운 대답을 돌려 줄 뿐이다. 폴스타프는 왕자에게 애초부터 '하릴없이 노니는 휴일 *playing holidays*'일 뿐이고, 언제나 약간의 경멸을 내비치는 그의 언행은 굳이 그런 사실을 숨기려 들지도 않는다. 그러나 어린 아이같이 천진한 폴스타프는 핼이 그를 이용하기 위한 웃음, 포옹, 사랑의 제스처들을 의심 없이 믿고 그로 인해 '오도'된다. 따라서, 부왕 헨리 4세로 분한 핼 왕자가 폴스타프에게 "젊은이들을 오도하는 자"라고 정색을 하며 비난하는 대목은 통렬한 아이러니를 지닐 수밖에 없다. 사실 모든 것을 아는 늙은이는 오히려 핼 왕자 쪽이기 때문이다. 그러나 우리는 키스 백스터의 섬세한 연기 덕에, 그의 조로早老에 대한 혐오보다는 연민의 마음을 지니게 된다. 그가 무엇을 잃어버릴지, 그 아름다움을 알기에.

폴스타프와 핫스퍼의 몰락을 공포하고 핼 왕자와 헨리 4세의 승리를 공고히 굳히는 역사의 분수령은 바로 '슈루즈베리 전투 The Battle of Shrewsbury'이다. 아이러니컬하게도, 헨리 4세는 왕위 찬탈자이며 내치의 권위를 세우기 위해 외국과의 전쟁을 일삼는 마키아벨리적 군주이다. 그러나 이 작품 속에서 그와 후에 헨리 5세가 될 핼 왕자는 이 전쟁에서 '승리했다'는 단 하나의 이유만으로 권력의 정당성을 확보해 버린다. 전투가 진행되는 사이 그들을 둘러싼 세계의 원동력은 신성한 명분과 정통성이 아니라 정통성의 가면 뒤에 숨은 힘의 정치 논리로 바뀌고 만다. 세상의 논리를 잘 아는 헨리 4세는 불리한 전투를 하지 말고 협상을 하자고 먼머스 진영을 설득한다. 그러나 현실과 타협할 줄 모르는 어리석고 젊은 핫스퍼는 단칼에 거절한다. 푸르른 녹음 앞에서 허망하게 피를 쏟으며 헬 왕자에게 "자네가 내 젊음을 앗아 가 버렸네 *Thou hast robbed me of my youth*"라고 말하는 핫스퍼는 헬과 헨리 4세의 권력이 '강도짓'과 같은 탈취 행위에서 온 것임을 분명히 한다. 그리고 그와 함께 명예로운 하나의 세계가 죽음을 맞는 것이다.

슈루즈베리 전투 장면은 〈심야의 종소리〉가 성취해 낸 빼어난 업적 가운데 하나다. 바로 이 전투 장면에서 오슨 웰스는 셰익스피어의 정신을 수백 마디 대사보다 훌륭하게 영상으로 포착하는 참된 거장의 솜씨를 보여 준다. 영화가 개봉된 것은 1966년, 냉전의 세계 구도와 현실 정치의 득세, 베트남전의 맥락 속에서 역사상 가장 참혹하고 현실적인 이 영화의 전투 장면은 훨씬 더 절실한 의미로 다가갔을지 모른다. 병사들의 육체가 엉키어 서로의 머리를 둔기로 차근차근 내려쳐 두개골을 부수고 가슴을 내려찍어 죽이는 장면들은, 전쟁을 미화하는 모든 추상적 명분과 담론을 무색케 하기에 충분했다. 특히 셰익스피어 텍스트의 정수를 시각적 언어로 포착하고자 했던 웰스의 노력은, 맹목적으로 내닫는 병사들 사이에서 마치 다른 차원의 존재처럼 뒤뚱거리는 폴스타프의 실루엣으로 진정 훌륭한 결실을 맺는다. 민첩한 병사들 사이에서 우스꽝스럽게 과장된 갑옷과 어울리지 않는 덩치로 마치 외계의 존재처럼 여기서 힐끗, 저기서 힐끗, 모습을 나타내는 유쾌하고도 서글픈 폴스타프의 실루엣은, 미친 듯이 죽음으로, 무참한 상잔의 현장으로 똑같이 내달리는 다른 병사

〈심야의 종소리〉

들의 모습을 단 한 순간에 슬프디 슬픈 부조리로 바꾸어 버린다. 그리고 이 가슴을 치는 놀라운 시퀀스의 여운은 아주 오래 남는다.

핫스퍼의 죽음을 부른 슈루즈베리 전투는 헬의 아버지로서 헨리 4세에게 폴스타프가 영영 패배하는 계기이기도 하다. 부왕의 아들임을 증명해 보이겠다는 야심에 불타 전쟁터로 뛰어나간 헬 왕자에게 '명예'의 허망함을 설파하는 흥미로운 장면은 폴스타프의 참패를 선언한다. 이미 헬은 귀를 막았고 폴스타프의 유혹은 무기력할 뿐이지만, 단 한 사람 폴스타프는 그것을 모른다. 끔찍한 사실을 혼자서만 알지 못하는 폴스타프가 천진한 기대에 들떠 허둥지둥 대관식으로 찾아가는 장면은, 바로 그 때문에 보는 사람의 가슴을 무너뜨린다. 옷매무새조차 만지지 못하고, 온 존재를 걸어 "나의 심장, 나의 제우스 My heart, my Jove!"라고 소리지르며 헨리 5세 앞에 무릎을 꿇은 그는, 헨리 4세를 빼쏜 듯한 무표정한 얼굴에 맞닥뜨리고 짧은 순간 모든 것을 깨닫는다. "나는 그대를 모르네, 늙은이여"라는 헨리 5세의 거부는 폴스타프에게 말 그대로 존재의 부정이다. 그리고 폴스타프는 아무 말도, 소란도 없이 그대로 '죽고 만다.'

셰익스피어의 《헨리 4세》는 대개 헬 왕자가 헨리 4세, 핫스퍼, 그리고 폴스타프 등 정치적 · 개인적 모델의 양 극단들을 두루 섭렵하면서 훌륭하고 완벽한 군주, 이상적 왕 the ideal king으로 성장하는 과정으로 간주된다. 평론가들은 《헨리 4세》 2부작이 헬 왕자가 '이상적인 왕' 헨리 5세로 성장하는 도덕적 성숙의 기록이라고 본다. 돌아온 탕아의 비유는 물론이고 심지어 인간이 유혹의 시험에서 구원받는 '중세 도덕극'의 틀을 차용한다고 보는 입장도 있다. 헬이 폴스타프를 거부하는 것은 왕으로서의 교육에 결정적인 시험이며, 그가 "안 돼"라고 말하는 순간 역사에 남을 성군이 완성된다는 이야기다.

그런지도 모른다. 그러나 관객은 랠프 리처드슨이 권위 있는 목소리로 헨리 5세의 치적을 칭송하는 〈연대기〉의 한 대목을 읊는 동안, 오히려 시야를 압도하는 거대한 관에서 눈을 떼지 못한다. 성군의 치적에 감탄하기보다 먼저, 오히려 세상의 모든 선한 권력, 세상의 모든 정사正史는 '휴일'이자 '오락'이자 '젊음의 오도자'인 폴스타프들의 죽음을 밟고 세워졌을 것임을 뼈저리게 절감하면서 말이다. 그리고 어떠한 종류의 권위보다도 사적인 삶의 체험이 의미 있다고 믿었던, 참으로 오슨 웰스다운 비전이었다.

〈심야의 종소리〉는 웰스의 셰익스피어 비극들과 달리, 비로소 폐쇄 공간에서 나와 역사로 삶으로 손을 뻗는다. 탈출구가 없던 〈오셀로〉의 수미쌍관 구조는 〈심야의 종소리〉에서는 추억의 주체인 폴스타프의 죽음으로 깨진다. 폴스타프는 사라졌지만 역사는 새로운 방향으로 다시 흐르기 시작한다. 감독으로서, 작가로서, 그리고 배우로서 웰스는 폴스타프라는 경이로운 캐릭터를 통해 셰익스피어의 역사와 현대의 역사를, 공적인 역사와 사적인 역사를, 예술과 삶을 연결해 줄 마술 같은 접점을 비로소 찾아 냈다. 폴스타프는 셰익스피어의 근대 왕정의 창생과 함께 사라진 ― 그러나 어쩌면 애초부터 존재하지 않은 꿈일지 모르는 ― '즐거운 잉글랜드 Merrie England'의 체현인 동시에, 보편적인 삶의 활력의 상징이기도 하고, 누구나 성장하면서 어느 시점에 잃어버려야 하는 유년의 순수이기도 하며, 평생을 엔터테이너, 즉 '휴일

holidays' 로서 살아왔고, 그로 인해 추방당하고 뿌리를 잃었던 오슨 웰스 자신의 자전적 메타포로 읽히기도 한다. 그리고 그는 무엇보다 모든 관객의 마음을 사로잡는, 도저히 잊지 못할, 생생히 살아 있는 불멸의 캐릭터였다. 그 속에서 웰스 와 폴스타프는 어느덧 "무용수와 무용을 어떻게 구분할 수 있으랴?"는 시인 예이츠의 일갈처럼 분리할 수 없는 하나의 존재로 겹치고 융합한다. 개즈힐 Gadshill 의 하얀 자작나무 숲 사이에 하얀 망토를 둘러쓰고 뒤뚱거리며 어설픈 강도놀음을 하던 오슨 웰스 / 폴스타프의 모습은, 헤아릴 수 없을 정도로 오래 된, 어쩌면 태어나기 전부터 알았던 어떤 본원적 삶의 기억처럼, 그렇게 뇌리에서 지워지질 않는다.

이렇듯 〈심야의 종소리〉는 그 어떤 작품보다도 통렬하게 사적이고 절실하게 웰스다운 영화였다. 〈시민 케인〉은 물론이고 〈맥베스〉, 〈위대한 앰버슨 가〉, 〈오셀로〉 등 웰스가 일생을 바쳐 제작했던 숱한 걸작들이 이 한 편의 영화 속에서 머나먼 여운으로, 가까운 반향으로 한없이 울려 퍼진다. 〈심야의 종소리〉는 관객으로 하여금 웰스의 영화 인생을 기어코 어쩔 수 없이 반추하도록 만들고야 마는 비장한 자전적 메아리를 지닌 영화다. 더구나 셰익스피어의 희곡 몇 편(《헨리 4세》 1, 2부, 《헨리 5세》, 《윈저의 유쾌한 아낙네들》)의 대사들을 웰스가 제멋대로 콜라주해 극본을 쓴 이 영화는, 놀랍게도 웰스의 셰익스피어 영화들 가운데서 가장 드라마틱하고 가장 웰스적인 영화였을 뿐만 아니라 가장 셰익스피어적인 영화이기도 했다. 앤드류 새리스가 웰스는 평생 동안 〈심야의 종소리〉를 위해 리허설을 했던 것 같다고 했던 것도,[14] 아마도 그런 의미에

---

14. Sarris, 앞의 책, p.78.

서였으리라. 윌리엄 셰익스피어는 어떤 의미에서 진정 오슨 웰스 영화 세계의 알파요, 오메가였던 것이다.

〈거짓과 진실〉— 〈돈 키호테〉의 작가가 들려 주는 거짓과 진실

영광이란 일종의 몰이해에 불과하며, 아마 최악의 몰이해일
는지도 모른다. [……] 그는 모든 인간의 노력 뒤에 기다리
고 있는 허무와 마주 서기로 결심했다. [……] 그는 이미 존
재하고 있는 책을 외국어로 다시 쓰기 위해 온갖 노고와 수
많은 불면의 밤들을 바쳤다. 그는 수없이 원고를 쓰고 다시
쓰고 또다시 쓰고, 집요하게 교정을 가했고, 그리고 수천 페
이지에 해당하는 그 원고들을 모두 찢어 버렸다.

— 호르헤 루이스 보르헤스, 〈피에르 메나르,《돈 키호테》의
저자〉 중에서

앙드레 바쟁의 오슨 웰스에 관한 저서에 서문을 쓰면
서, 프랑수아 트뤼포는 〈거짓과 진실〉의 저변에 깔린 진정한
의도는 〈시민 케인〉의 대본과 관련한 폴린 케일의 논박 —
〈시민 케인〉의 아이디어와 인물은 웰스의 것이 아니며 각본
가 허먼 맨키비츠로부터 나온 것이라는 — 을 재치 있게 받
아넘기는 데에 있다고 말했다. 〈거짓과 진실〉이 담고 있는 몇
가지 주제들 가운데 저자 *author* 혹은 작가 *auteur* 의 존재에 대
한 문제가 비교적 두드러지게 나타난다는 점을 고려하면 트
뤼포의 주장은 일견 타당한 데가 있다.[1] 그러나 〈거짓과 진
실〉이 우리를 매혹시키는 것은 단선적인 독법을 거부하는 듯

한 매체의 풍부함 때문일 것이다. 웰스는 〈거짓과 진실〉에서
이전 영화들에 나타난 주요 모티프들이나 주제들을 고스란히
끌어오면서도 더 자유분방한 이미지 콜라주를 통해 자신의
영화와 삶, 그리고 예술 자체의 본질에 대해 흥미로운 성찰
을 제시한다.

　〈거짓과 진실〉에 사용된 필름의 상당 부분은 TV 다큐
멘터리 작가인 프랑수아 라이헨바흐의 다큐멘터리 필름에서
가져왔다. 웰스는 여기에 자신이 새로 찍은 것을 추가하고
〈지구 대 비행접시 *Earth vs. Flying Saucers*〉라는 SF 영화의 몇 장
면들을 삽입하는 등 라이헨바흐의 필름을 완전히 재편집해
독특한 자기 반영적 영화를 만들어 냈다. 영화의 전반부는
대체로 위조 화가 엘미르 드 호리와 그의 전기 《가짜! *Fake!*》
를 저술한 클리포드 어빙에 대한 다큐멘터리이다. 그리고 웰

---

1. 오슨 웰스의 미완의 영화 〈바람의 저편 *The Other Side of the Wind*〉의 배역을 살펴보는 것도 흥미로운 일
이다. 다분히 오슨 웰스 자신의 삶을 반영하고 있는 듯한 이 영화에서 존 휴스턴은 영화 속의 감독 제이
크 한나포드 역을 맡았고, 한때 한나포드를 숭배했으나 이제는 감독이 되어 박스오피스에서 오히려 그
를 앞지르게 된 젊은 감독 브룩스 오터레이크 역은 피터 보그다노비치가 맡았다(이때 보그다노비치는
데뷔작 〈라스트 픽처 쇼〉로 막 큰 성공을 거두고 있을 때였다). 게다가 다분히 폴린 케일을 떠올리게 하
는 비평가(수잔 스트라스버그) 또한 등장하는데, 케일의 주장때문에 웰스는 실제로 깊은 상처를 받았던
것으로 추측된다. James Naremore, *The Magic World of Orson Welles* (revised edition), Southern Methodist
University Press, 1989, p.254.

〈거짓과 진실〉

스 자신이 연극계에 입문하게 된 과정과, 〈우주 전쟁〉라디오 방송으로 미국 전역에 물의를 일으키고 이로 인해 할리우드에 입성하기까지의 과정에 얽힌 이야기도 포함되어 있다. 후반부에는 웰스가 만든 재미난 에피소드 하나가 삽입되어 있는데, 피카소를 유혹해 22장의 초상화를 그리게 하고 결국 그 초상화를 모두 가지고 사라져 버린 여배우 오야 코다르에 관한 것이다(영화 초반에 웰스는 앞으로 한 시간 동안 전개되는 이야기는 모두 진실이라고 말한다. 그런데 이 에피소드가 제시되는 것은 대략 한 시간이 지난 다음이다. 결국 이 에피소드 전체는 웰스가 꾸며 낸 가짜에 불과하다). 피카소, 마티스, 모딜리아니의 회화 스타일을 그대로 모방해 내어 전문가들조차도 분간할 수 없을 만큼 정교한 그림들을 만들어 넘으로써 예술 작품의 권위에 의문을 던지게 만드는 엘미르의 행위나, 자기 자신의 경력도 결국 일종의 '사기'로 점철되어 있을 뿐이라는 웰스의 고백을 두고 결국 예술이란 사기이며 눈속임이 아니겠느냐는 성급한 결론에 이르는 것은 사뭇 위험한 태도이다. 〈거짓과 진실〉에는 웰스가 예술에 대해 지니고 있는 이중적이고 모순된 태도가 동시에 표출되어 있기 때문이다.

예술이 진실 혹은 진리에 대한 탐구라고 가정하는 것은 지금에 와서는 한갓 낭만주의적인 허상에 지나지 않는다. 대신 오늘날의 예술은 예술이 그러한 진리를 담고 있다는 환상을 가지게 만들었던 지난 시대의 예술 작품들 속에 내재한 관습적 코드들을 해체하고 드러내 보이는 것을 목표로 삼는다고 할 수 있다. 이런 방식으로 예술의 임무를 정의하는 예로 가령 고다르의 영화를 두고 카운터 시네마 *counter - cinema* 의 가능성을 타진해 보았던 피터 울른의 작업을 들 수 있을 것이다.[2] 그러나 웰스의 영화 작업이 그러한 임무의 수행과 다소 거리가 있다는 점은 쉽게 짐작할 수 있다. 더들리 앤드류도 지적한 바 있지만 웰스의 영화 작업을 특징짓는 것은 오히려 '과거와 죽음에 대한 강박 관념'이자 '무시무시한 심연에 대한 신비로운 통찰'에 있다. 가히 웰스 영화의 핵심적인 부분을 간파한 것이라 할 수 있는데, 이러한 지적을 염두에 두었을 때만이 이른바 이 '셰익스피어주의자'가 왜 조셉 콘라드의《어둠의 심연 The Heart of Darkness》을 영화화하길 꿈꾸었으며 카프카에 이끌렸는지를 이해할 수 있다. 다소 길지만 카프카의 작품 세계에 대한 모리스 블랑쇼의 언급을 인용해 보기로 한다.

> 예술의 목적은 몽상도 건설도 아니다. 그렇다고 예술이 진실을 묘사하는 것도 아니다. 진실은 알려질 필요도, 묘사될 필요도 없다. 진실은 자기 스스로조차 알지 못한다.[……] 예술은 자기자신을 잃어버린 자, 더 이상 '나'라고 말할 수 없는 자, 그와 동시에 이 세계, 세계의 진실을 상실한 자, 그 유형에 속한 자들, 횔덜린이 말했듯이 신들도 더 이상 존재하지 않는, 신들이 아직 도래하지 않은, 이 비탄의 시간에 속한 자들의 상황을 묘사한다.[3]

2. "영화는 진리를 보여줄 수도, 드러낼 수도 없다. 진리란 사진 찍히기만을 기다리며 실재 세계 그 곳에 놓여져 있는 것이 아니기 때문이다. 영화가 할 수 있는 일은 의미를 생산하는 것이다. 의미는 몇몇 추상적인 척도나 규준들과의 관련 속에서가 아니라 다른 의미들과의 관련 속에서만이 그려질 수 있는 것이다. …… 카운터 시네마는 다른 영화들과의 관계 속에서만 존재할 수 있다. 그것의 기능은 다른 영화들과는 양립할 수 없는 자신만의 환상, 이데올로기, 그리고 미학적 장치들을 가지고 한 영화의 환상, 이데올로기, 그리고 미학적 장치들에 대항해 투쟁하는 것이다." Peter Wollen, "Godard and Counter Cinema: Vent D'est," in Movies and Methods vol. 2, Bill Nichols (ed.), University. of California Press, 1985, p.509.

3. 모리스 블랑쇼,《문학의 공간》, 박혜영 옮김, 책세상, 1998, p.100~1.

블랑쇼의 진술은 웰스의 영화 세계를 설명하는 데에도 많은 암시를 준다. 예술은, 혹은 예술로서의 영화는 진실을 포착할 수 없음을 웰스가 직관적으로 확실히 파악하고 있었다. 카메라가 포착한 것은 현실의 모사로서의 이미지에 불과하며 이미지의 조합이 창출해 내는 것은 진실이라고 단정할 수 없는 의미들의 미로이다. 웰스가 H. G. 웰스의 〈우주 전쟁〉 라디오 방송과 〈시민 케인〉의 '뉴스 온 더 마치 news on the march' 뉴스릴 패러디 등을 통해 입증했던 것은 매체의 허구적 특성이 '환영으로서의 진실'을 생산해 낼 수 있다는 사실이었다. 〈거짓과 진실〉에서 웰스는 무비올라 편집기 앞에 앉아 라이헨바흐의 필름과 SF 영화의 몇 장면, 거리에서 몰래 카메라로 찍은 영상들 등을 이것저것 돌려 본다. 이러한 장면은 영화 매체의 속성에 대한 웰스의 자각을 명확히 드러낸다. 하지만 더 흥미로운 부분은 위조한 그림에 가짜 서명을 했는지 하지 않았는지를 놓고 신경전을 벌이는 엘미르와 어빙의 모습을 절묘한 교차 편집으로 보여 주는 곳이다. 이 부분에 패러디의 대가인 웰스의 진면목이 나타난다고 해도 과언이 아니다. 여기서 패러디의 대상이 되는 것은 레프 쿨레쇼프의 고전적인 실험이다. 러시아의 몽타주 학파에게 새로운 의미 창출의 가능성으로 환대받았던 이 실험이 웰스에게 있어서는 '거짓' 의미의 생성 가능성을 보여 주는 것으로 비췄던 것이다. 이러한 패러디는 영화 후반부의 오야 코다르와 피카소 에피소드에서 전면적으로 활용되어 영화 전체에 기괴하면서도 지독한 냉소의 분위기를 부여하고 있다.

그러나 앞서 언급했던 예술에 대한 웰스의 모순적인 태도는 그가 "예술은 우리로 하여금 진실을 깨닫게 만들어 주는 거짓이다"고 한 피카소의 말을 그리 가볍게 받아들이지만은 않는다는 데에서 드러난다. 엘미르와 어빙의 관계를 흡사 〈심야의 종소리〉의 폴스타프-헬 관계와도 같이 설정해 놓은 〈거짓과 진실〉에서 엘미르와 어빙 교차 편집 장면은 엘미르에 대한 어빙의 도전 내지는 배반을 상징적으로 나타냄과 동시에 인물의 말과 행위의 부조화를 통해 사건의 진실에 대한 암시를 보여 주고 있다. 또한 영화 후반부의 피카소-오야 코다르 에피소드는 작품과 저자 혹은 푸코식으로 저자 기능의 의미 — 이와 관련해서는 뒤에 자세히 다루게 될 것이다 — 에 대한 깊은 사색의 결과물로서 이해된다.

사실 웰스의 영화들 가운데 상당수가 표면적으로는 진실에 대한 추구와 그 좌절의 과정을 묘사하고 있는 것이라고 말해도 무리가 없을 것이다. 현재형의 이미지나 내레이션으로 시작해서 영화 전체를 일련의 플래시백으로 구성하는 그의 독특한 내러티브 기법 — 가령 〈시민 케인〉, 〈상하이에서 온 여인〉, 〈오셀로〉, 그리고 〈심야의 종소리〉 등 — 또한 이러한 과정의 묘사와 뗄레야 뗄 수 없는 관계에 있는 것이다. 그런데 이러한 과거로의 회귀로 특징지워지는 내러티브 구조는 진실의 심연을 향한 여행의 과정을 묘사한다기보다는 헤어날 길 없는 '어둠의 심연,' 혹은 모든 의미와 가치가 무화되어 버리는 소멸과 죽음을 향한 여정을 묘사하고 있는 것으로 비춰진다. 이 모든 여정을 웰스는 특유의 바로크적인 장엄함으로 감싸안는다. 앞서 언급한 블랑쇼의 마지막 구절을 연상시키는 이러한 태도는 웰스적 영웅과 희랍신화의 영웅들의 차이를 두드러지게 하는 요인이기도 하다. 조셉 맥브라이드의 지적대로라면 〈거짓과 진실〉에서 엘미르에 관한 어빙의 진술은 많은 웰스적 영웅들에게도 해당되는 말인 것이다.[4] "그는 자신의 삶 주위에 하나의 허구를 세웠던 거죠. 이러한

〈거짓과 진실〉

허구를 부숴 버리는 건 그의 환상의 성 전체를 날려 버리는 일이 될 겁니다." 혹은 더들리 앤드류에 의하면 '등장 인물과 그들의 삶의 방식 모두가 결국 붕괴되는 것은 확실하다고 보여 주었던 것을 스스로 부숴 버리는 웰스의 방식'이기도 하다.5 일견 자유분방한 형식을 띠고 있는 〈거짓과 진실〉은 하워드 휴즈6에 대한 부분과 사르트르 대성당을 보여 주면서 예술에 대한 웰스 자신의 사유를 펼쳐 보이는 부분에서 사뭇 감상적이고 장엄한 태도를 취함으로써 이전의 웰스 영화들과 가장 큰 공명을 일으키고 있다. "우리의 노래는 사라지게 될 것이다. 그럼에도 여전히 노래하는 사람이 있다."

위조 화가 엘미르의 행위는 적어도 현대의 예술은 진실을 담고 있지 못하다는 — 혹은 진실에 대한 추구와는 거리가 멀다는 — 사실에 대한 역설적인 암시임과 동시에 예술 작품의 평가는 작품의 내재적 가치에 의존하지 않는다는 것을 보여 주는 것이다. 엘미르가 모방하는 화가들, 즉 피카소, 마티스, 모딜리아니 등의 그림은 반드시 이전 회화의 형식적 특징들에 대한 위반과 변형의 관계에 의거해서만 제대로 파악될 수 있다. 사실, 불가피하게 작품에 대한 작품, 혹은 텍스트에 대한 텍스트로서 존재하는 현대 예술 작품의 특성이야말로 엘미르와 같은 위조 화가가 존재할 수 있게끔 만드는

---

4. Joseph McBride, *Orson Welles* (revised & expanded edition), Da Capo Press, 1996, p.182~3.

5. 더들리 앤드류, "오슨 웰스의 '예술의 메아리,'"《오슨 웰스의 영화 미학》, 앙드레 바쟁, 성미숙 옮김, 현대미학사, p.204.

6. 〈거짓과 진실〉에서 조셉 코튼이 밝힌 바와 같이 하워드 휴즈는 원래 〈시민 케인〉의 모델이 되었던 인물이다. 하지만 실제 시나리오 작업 단계에서 보다 영화에 적합할 것이라는 이유로 윌리엄 랜돌프 허스트를 모델로 하게 되었다. 〈거짓과 진실〉 제작 당시 휴즈는 과거의 영광을 뒤로 한 채 라스베이거스의 한 호텔에 은둔해 살고 있었다. 엘미르에 관한 책을 저술한 클리포드 어빙은 하워드 휴즈에 대한 가짜 전기를 써서 다시 물의를 일으키게 된다.

원천이 되는 것이다. 또한 작가의 이름이라는 권위가 예술 작품의 경제적 가치를 매기는 데에 무엇보다 중요한 요인이 된다는 점도 빼놓을 수 없다. 물론 이렇게 매겨진 경제적 가치가 예술 작품의 내재적 가치와 꼭 들어맞는 것은 아니다. 오히려 경제적 가치는 작품의 형식적 특징들을 참고로 하여 그러한 작품을 생산해 낸 작가의 '비전'을 평가함으로써 매겨지는 것이라 할 수 있겠다(이런 점에서 엘미르에겐 비전이 없기 때문에 그는 진정한 예술가가 아니라는 클리포드 어빙의 지적은 일견 타당하다). 그런데 어느 순간 작가의 이름은 실제 인물로서의 작가를 지시함과 동시에 그러한 '비전'에 대한 인증으로서 기능하기 시작한다. 작가의 이름은 우리가 볼 수도 없고 만질 수도 없는 그의 비전을 사실상 지워 버리면서 그것을 대체한다. 만일 어떤 이가 A라는 작가의 스타일을 완전히 습득한 이후 온전히 그 작가의 스타일로 구현된 새로운 작품을 만들어 낸 뒤 작품과 작가의 이름을 관계짓는 일 — 이러한 일은 이른바 전문가들에 의해 행해질 것이다. 〈거짓과 진실〉에서 이러한 전문가들의 역할에 대한 웰스의 공격은 매우 신랄하다 — 에 성공한다면 그 작품은 A의 것으로서 사회 내부에서 순환하고 기능할 수 있을 것이다. 게다가 A라는 이름은 이 작품에 A의 '비전'까지를 부여하게 된다.[7]

7. 이상의 내용은 — 그리고 이후에 전개될 내용 또한 — 미셸 푸코의 "저자란 무엇인가?"를 참조함으로써 보다 명확하게 이해될 수도 있을 것이다. 비록 그가 오늘날의 글쓰기에 관련된 것으로 논의를 한정짓고 있기는 하지만 그의 논의는 〈거짓과 진실〉을 해석하는 데 유용한 많은 암시를 담고 있다. 푸코는 오늘날의 글쓰기가 이미 표현의 테마로부터는 벗어났으며 글쓰기 자체만을 근거로 삼을 뿐 내재성의 형식으로 파악되지 않는다는 점을 지적한다. 그에 의하면 저자의 이름은 단순한 지시의 역할만을 수행하는 것이 아니며 특정한 기능을 담당하는데, 그것은 바로 한 사회 내부에서 담론들이 존재하고 순환하고 기능하는 방식을 특징짓는 것이다. 또한 글쓰기와 죽음 사이의 유연 관계 및 불멸성의 문제를 《천일야화》와 관련지어 설명하는 부분은 웰스의 〈불멸의 이야기〉의 테마와도 일정 부분 겹치고 있다. 미셸 푸코. "저자란 무엇인가?" 《미셸 푸코의 문학 비평》, 김현 편역, 문학과 지성사, 1994. p.239~50.

〈거짓과 진실〉

〈거짓과 진실〉의 후반부에 제시되는 피카소 - 오야 코다르의 에피소드는 바로 이러한 오늘날의 예술의 특성 및 작가의 권위에 대한 신랄한 풍자로서 읽힌다. 물론 이 부분이 후기의 웰스가 보여 주는 섹슈얼리티에 대한 관심 — 가령 〈불멸의 이야기〉에는 웰스 영화에서는 처음으로 여배우(잔느 모로)의 전라가 등장한다 — 의 연장선상에 있는 것도 사실이다.[8] 혹은 오야 코다르를 블라인드 너머로 훔쳐보고 있는 피카소 — 사실은 피카소의 모습이 담긴 일련의 흑백 사진들일 뿐이다 — 의 모습을 보여 주는 장면을 통해, 웰스는 매체가 관음증을 다루는 혹은 생산해 내는 메커니즘을 탐구해 보고자 했던 것이라 짐작할 수도 있다. 하지만 이러한 관심 너머로 웰스가 보여 주는 예술에 대한 씁쓸한 웃음을 그냥 지나치기란 쉽지 않다. 자신의 손녀를 통해 피카소가 그린 22장의 그림을 입수한 뒤 새로운 그림 22장을 그려 피카소 전시회를 열었던 한 위조 화가. 그의 그림은 비평가들에 의해 피카소의 새로운 전기를 연 것으로 평가받지만 피카소가 그렸던 원래의 그림은 그가 모두 태워 버려 하나도 남아 있지 않다는 충격적인 이야기를 웰스는 태연자약하게 들려 준다. 이 에피소드는 푸코를 따르자면 명백히 저자 이름의 기능 변화를 초래하는 한 사건을 묘사하고 있다. 한 위조 화가의 그림이 피카소의 것으로 받아들여져 사회 내에서 소통하는 방식을 보여 주고 있기 때문이다. 이것은 작가의 창조성에 대한 의문이다. 혹은 '신에게서 부여받은 재능'이라는 작가의 신화에 대한 의문이다. 그러나 웰스는 '누가 그렸건 무슨 상관인가?'라는 식의 결론에 이르지는 않는다. 오히려 이러한 사건

8. McBride, 앞의 책, p.188~9.

이 가능하게끔 구조화되어 있는 사회와 예술의 존재 양태를 비웃는다. 웰스 자신의 말마따나 이 에피소드가 거짓인지 진실인지는 중요하지 않다. 이 사회 내에서 그처럼 우스꽝스러운 사건이 충분히 일어날 수 있다는 가능성을 보여 준 것만으로 충분하기 때문이다. "예술은 우리로 하여금 진실을 깨닫게 만들어 주는 거짓"이라는 피카소의 말이 다시 우리 머릿속을 서늘하게 꿰뚫고 지나가는 순간이다. 재현극 속에서 웰스가 연기하는 위조 화가는 다음과 같이 말한다. "내가 사는 동안 예술 자체는 진정한 것이라 믿고 싶소." 다분히 웰스 자신의 욕망을 담은 듯한 울림으로 들리는 이 진술은 피카소의 격언을 영화적으로 실천에 옮긴 듯한 에피소드를 통해 아주 역설적인 방식으로 지지되고 있는 것이다.

〈거짓과 진실〉은 웰스의 전작들과 비교해 볼 때 두드러지게 혁신적이거나 독창적인 기법과 스타일을 보여 주는 영화는 아니다. 다큐멘터리와 극영화의 경계를 오가며 매체 자체에 대한 성찰을 촉구하는 영화라면 1960년대의 두상 마카베예프, 고다르 등의 작업에 눈을 돌리는 편이 나을 지도 모른다. 그러나 기존의 형식 실험의 결과들을 나름대로 흡수하면서 여기에 자신만의 일관된 관심과 주제들을 투영시키고 자신의 삶 자체를 반추해 보는 반영적인 영화를 만들었다는 점에서 거장의 이 소품은 결코 가볍지 않은 무게를 지닌다. 〈거짓과 진실〉에서 웰스는 예술 작품에 대한 회의와 예술을 통한 진정성의 추구라는 두 가지 모순된 태도 사이에서 다소 갈팡질팡하는 모습을 보이기도 한다. 회의주의자로서의 웰스는 〈거짓과 진실〉에서 전작들에선 잘 드러나지 않았던 유희적 태도를 적극적으로 내비친다. 데리다는 작품은 단지 사상 또는 '내면적 의도'를 표현할 뿐이라거나 사상이나 의도가 작품보다 앞서 있다는 생각은 플라톤적인 관념론이 반영된 선입관일 수도 있음을 지적했다. 그리고 고지 告知 기능을 잃은 언어는 비로소 다시 태어나 의미 작용 없는 기호, 또는 순수한 유희나 기능 작용이 되는 언어가 된다고 말한다.[9] '진리'나 '작가의 의도'를 향해 가는 예술적 형식이라는 관념은 이 영화에서 조롱거리가 되는 듯 여겨진다. 어떤 점에서 〈거짓과 진실〉은 상호 텍스트적 전략 속에서 이루어지는 영화 만들기의 즐거움 자체에 대한 찬가로 읽힌다. 하지만 누더기를 기워 옷을 만드는 거지의 즐거움이라는 데에서 그 즐거움은 결코 편안한 웃음을 유발시키긴 못한다. 반면 사르트르 대성당 장면이나 마지막의 재현극 장면에서 웰스는 웰스적 영웅의 면모를 다시 드러내고 있다. 그것은 불가능한 것에 대한 추구, 주변의 것들에 대한 신적 권위를 확보하고자 하는 의지, 진실 내지는 진리의 담지자가 되고자 하는 열망으로 특징 지워진다.[10] 〈시민 케인〉의 케인, 〈악의 손길〉의 행크 퀸랜, 그리고 〈불멸의 이야기〉의 클레이 등도 모두 이러한 특징을 가진 이들이다. 〈거짓과 진실〉은 인간적 교만 혹은 적극적이고 지성적인 악의 의지라고 말할 수 있는 휴브리스 Hubris 에 대한 이야기라는 점에서도 분명 전작들의 연장선상에 있다.

문득 보르헤스의 소설에 나온 한 주인공을 떠올린다. 그 주인공처럼, 오슨 웰스라고 하는 이른바 셰익스피어주의자는 셰익스피어를 영화적으로 해석하고자 한 것이 아니라

---

9. 자크 데리다, 《글쓰기와 차이》, 남수인 옮김, 동문선, 2001, p.24~5.

10. 우리에게 이야기를 들려 주는 웰스 자신은 영화 〈거짓과 진실〉 속에서 주로 무비올라가 놓인 편집실에 앉아 있다. 영화 후반 작업 과정에서 편집권의 박탈로 인해 영화가 자신의 '의도'와 상관없이 공개되는 것을 수차례 경험했던 그의 경력을 고려한다면, 이러한 장면들 또한 일종의 권위를 장악하고자 하는 의지를 드러내는 것이라 볼 수도 있다.

스스로가 셰익스피어가 되기를 열망한 것은 아니었을까? 〈거짓과 진실〉이 엘미르 드 호리라는 위조 화가를 다룸으로써 영화 저변에 감추어 놓은 진실이 있다면 바로 이러한 열망이 아니었을까? 그의 〈돈 키호테〉를 끝맺는 것은 과연 가능했을까?

오슨 웰스 연대기

1915년 5월 6일	위스콘신 주 케노샤에서 태어남.
1921년	양친 이혼.
1924년	어머니 베아트리스가 간부전으로 사망.
1929년	재학중인 토드 스쿨에서 〈줄리어스 시저〉를 연출 및 주연해 무대에 올림.
1930년 6월	토드 스쿨 졸업.
1930년 12월	아버지 리처드 웰스 사망.
1931년 9월	아일랜드로 갔다가 더블린에 있는 게이트 시어터에서 배우로 기용됨. 힐튼 에드워즈와 마이클 맥리아모르와 친교를 맺음.
1934년 11월	버지니아 니콜슨과 결혼. 〈로미오와 줄리엣〉의 티볼트 역으로 브로드웨이 무대에 처음으로 섬.
1934년 12월	허버트 웰스의 〈화성인 침입〉을 각색한 라디오 드라마를 방송. 이것을 실제 상황으로 착각한 청취자들이 집단 히스테리 현상을 보임.
1939년 8월	RKO사의 조지 새퍼와 2편의 영화를 만든다는 계약을 맺음.
1940년 2월	허먼 맨키비츠와 함께 〈시민 케인〉의 대본 작업 시작.
1940년 7월	〈시민 케인〉 촬영 시작. 10월 23일 촬영이 끝남.
1941년 2월	윌리엄 랜돌프 허스트로부터 영화의 공개 중지 압력이 가해짐.
1941년 5월	〈시민 케인〉 개봉. 비평가들의 절찬에도 불구하고 흥행에서 실패함.

1942년 2월	리우로 떠나 카니발 장면을 촬영함. 이것은 결국 미완으로 그치는 〈이츠 올 트루〉의 일부가 됨.
1942년 7월	그가 남미에 있는 사이 〈위대한 앰버슨 가〉의 시사회 반응이 좋지 않자 RKO는 일부 장면을 다시 찍고 재편집해 개봉함.
1943년 2월	〈공포로의 여행〉 개봉. 노만 포스터가 감독한 이 영화는 웰스가 제작 및 출연한 작품으로 그가 일부 장면을 연출한 것으로 생각됨.
1943년 9월	여배우 리타 헤이워드와 결혼.
1946년 4월~8월	뮤지컬 〈80일간의 세계 일주〉 무대에 올림. 이 시기에 베르톨트 브레히트를 만나는데, 그는 웰스에게 〈갈릴레오〉를 연출해 줄 것을 의뢰함.
1946년 7월	〈스트레인저〉 개봉. 할리우드에서의 위상을 되찾기 위해 만든 영화로 그가 연출한 영화 가운데 가장 평범한 영화로 꼽힘.
1947년 11월	리타 헤이워드와 이혼.
1948년 5월	〈상하이에서 온 여인〉 개봉.
1948년 10월	〈맥베스〉 개봉. 이 영화는 1947년 7월 촬영을 끝낸 후 웰스가 유럽으로 가는 바람에 그의 동료인 리처드 윌슨이 후반 작업을 진행함.
1949년 4월	배우로 출연한 캐롤 리드의 〈제3의 사나이〉 개봉. 세계적인 성공을 거둠.
1949년 6월	모로코에서 〈오셀로〉 촬영 개시. 이 영화는 자금 부족으로 중단을 거듭해 결국 3년후에 완성됨.

1952년 5월	드디어 완성된 〈오셀로〉가 칸에서 그랑프리를 획득함.
1954년 12월	역시 유럽에서 제작중이던 영화 〈아카딘 씨〉의 완성 기한을 맞추지 못하자 제작자가 편집권을 빼앗아 감. 이 영화는 결국 다음 해 3월에 개봉됨.
1956년 12월	유니버설사에서 〈악의 손길〉라는 스릴러 영화에 출연해 줄 것을 제의. 이 영화의 주연으로 내정된 찰턴 헤스턴이 영화사 간부들에게 웰스가 연출하는 것이 어떻냐고 제안함. 이 영화는 〈악의 손길〉로 제목이 바뀜.
1957년 6월	촬영을 끝내고 미완의 영화 〈돈 키호테〉를 준비하러 멕시코로 간 사이에 영화사에서 〈악의 배지〉을 재편집함.
1958년 2월	〈악의 손길〉 개봉.
1959년 5월	리처드 플레이셔가 감독한 〈강박〉으로 칸에서 남우 주연상을 받음.
1961년 6월~8월	뉴욕 현대 미술관(MoMA)에서 처음으로 웰스 영화 회고전이 열림.
1962년 12월	카프카의 원작을 토대로 유고의 자그레브에서 촬영한 〈심판〉 개봉.
1966년 5월	1965년 4월에 촬영을 마친 〈심야의 종소리〉 개봉. 셰익스피어의 여러 작품을 소재로 한 이영화에서 웰스가 맡은 주인공 이름을 따 미국에서 개봉될 때는 〈폴스타프〉란 제목이 붙음.
1968년 5월	프랑스 국영 방송에서 제작비를 댄 〈불멸의 이야기〉 개봉.

1969년	영화 〈딥 *The Deep*〉의 촬영을 진행하지만 제작비 조달에 실패해 난항을 거듭. 1973년 주연인 로렌스 하비의 사망으로 미완성.
1971년	연초에 늙은 감독을 주인공으로 한 영화 〈바람의 저편〉 제작에 착수. 역시 자금난으로 난항에 빠짐.
1974년 9월	프랑수아 라이헨바흐가 만든 다큐멘터리를 토대로 한 에세이 필름 〈거짓과 진실〉을 개봉.
1975년 2월	미국 영화 협회에서 생애 공헌상을 받음. 시상식에서 웰스는 〈바람의 저편〉의 몇 장면을 소개하면서 제작자가 나서 줄 것을 호소함.
1976년 1월	이란 정부에서 설립한 영화사 SACI가 제작비를 댐으로써 〈바람의 저편〉의 제작이 급속히 진전됨. 하지만 결국 편집이 끝나지 않은 상태에서 이란 혁명으로 인해 네거티브 소유권이 그의 손을 떠나게 됨.
1983년	파리에서 〈바람의 저편〉의 네거티브 소유권을 둘러싸고 재판이 벌어짐.
1985년 9월	파라마운트사의 창고에서 〈이츠 올 트루〉의 필름이 발견됨. 이 필름을 바탕으로 리처드 윌슨, 마이론 메이즐, 빌 크론 세 사람이 결국 영화를 완성시켜 1993년 일반에 공개함.
1985년 10월 9일	로스앤젤레스의 자택에서 심장 발작으로 사망.

필모그래피

▶ 감독 작품

시민 케인
Citizen Kane   1941

각본: 허먼 맨키비츠, 오슨 웰스
촬영: 그레그 톨랜드
출연: 오슨 웰스, 조셉 코튼, 도로시 코밍고어, 아그네스 무어헤드 (119분)

긴 설명이 필요치 않은 작품. 웰스의 '혁신가'로서의 측면이 남김없이 드러난 영화로 그가 썼던 비유를 사용해 말한다면 마치 처음 만져 보는 장난감을 이리저리 작동시켜 보는 어린 아이의 왕성한 호기심을 연상케 한다. 딥 포커스에 대해서는 너무 많이 얘기되어 다시 언급할 필요도 없을 지경이지만 당시로서는 이례적인 다이얼로그의 중첩 그리고 파격적인 편집 등도 놀랄 만한 효과를 낸다. '권력의 퇴폐'라는 웰스의 주제가 잘 드러나는 영화지만 이런 보편적인 차원 외에 그의 개인적인 측면이 강하게 드러난 영화라는 점도 간과되어서는 안 될 것이다. 케인의 유년기는 거의 그대로 웰스의 어린 시절을 복사한 것이기 때문이다.

위대한 엠버슨 가
The Magnificent Ambersons   1942

각본: 오슨 웰스(원작: 부스 타킹턴의 소설)
촬영: 스탠리 코르테즈
편집: 로버트 와이즈
출연: 조셉 코튼, 팀 홀트, 돌로레스 코스텔로, 앤 박스터 (88분)

웰스의 할리우드에서의 운명을 바꾸어 놓은 작품. 웰스의 편집판으로 시사회를 가졌던 RKO는 관객들이 혹평을 가하자 브라질에 가 있던 그의 의향을 무시한 채 45분을 드러내고 일부 장면을 다시 찍어서 개봉했다. 그래서 웰스의 다소 모호한 결말은 해피 엔딩으로 바뀌었지만 그럼에도 흥행에서 별 성공을 거두지 못했다. 이 영화는 세기 초의 중서부 어느 도시를 무대로 한 명문가가 몰락하는 과정을 그린다. 산업화의 도래와 함께 그에 적응하지 못하는 사람들의 모습을 회고조의 톤으로 보여 주는 작품으로 〈시민 케인〉에서 보이던 왕성한 실험 정신 대신에 '보다 단순했던 시대'에 대한 차분하고 내성적인 탐구가 돋보인다. 유명한 무도회 장면의 롱 테이크는 스튜디오의 개입에 의해 많이 잘려 버렸다고 말했지만 이 스튜디오판으로도 그 효과는 압도적이다.

스트레인저
The Stranger

1946

각본: 앤터니 베일러

촬영: 러셀 메티

편집: 어네스트 님스

출연: 오슨 웰스, 에드워드 로빈슨, 로레타 영 (95분)

웰스의 영화들 가운데 가장 단순 명쾌한, 즉 가장 관습적인 작품이다. 이는 도저히 길들일 수 없는 감독이라는 그의 이미지가 확고해짐에 따라 그러한 통념을 뒤집고 스튜디오와 좋은 관계를 되찾기 위한 노력의 당연한 결과일 것이다. 하지만 할리우드의 기준에 맞춰 제작 시간과 제작비를 꼭 맞춰 만든 관습적인 이 영화는 좋은 평가를 받지도 못했을 뿐아니라 흥행도 신통치 않아 결과적으로 웰스가 이 영화로 얻은 것은 별로 없었다고 봐도 된다.

하퍼라는 코네티컷의 소도시에 나치 전범인 '이방인'이 잠입해 온다. 그는 여기서 젊은 여인과 결혼도 하고 대학 교수로서 평온한 삶을 보내게 되지만 FBI 요원이 그를 쫓아 마을로 들어오면서 본격적으로 사건이 펼쳐진다. 주인공인 전 나치 장교가 마지막에 시계탑 위에서 죽는 장면은 역시 웰스 영화다운 면모를 보여 주는 결말이다.

상하이에서 온 여인
Lady from Shanghai
1948

각본: 오슨 웰스 (원자: 셔우드 킹의 추리 소설)
촬영: 찰스 로튼 주니어
편집: 비올라 로렌스
출연: 오슨 웰스. 리타 헤이워드. 에버렛 슬로앤 (86분)

역사상 가장 바로크적인 필름 느와르라 할 수 있다. 아일랜드계 선원인 마이클 오하라가 매혹적인 여인과 그녀의 변호사 남편을 알게 되면서 겪는 기괴한 일들을 묘사한다. 줄거리가 거의 이해되지 않을 정도이고 톱 스타인 리타 헤이워드를 악녀로 묘사했다고 해서 컬럼비아사의 해리 콘이 격분했다는 유명한 이야기가 있다. 바쟁은 "웰스의 영화 가운데 가장 의미가 풍부한 작품"이라고 칭찬했는데, 아마도 이것은 그 스스로가 이야기 전달에 거의 신경 쓰지 않았기 때문에 가능했던 것일 게다.

프레임의 자의식적이고 복잡한 이용, 전경과 배경의 풍부한 구도, 이미지와 사운드 사이의 연속성의 갑작스런 균열 등은 확실히 웰스의 관심이 어디로 향해 있는지를 말해 준다. 마지막의 거울 궁전에서의 총격전은 수많은 영화들에서 모방되고 패러디된 유명한 장면이다.

맥베스
Macbeth

1948

각본: 오슨 웰스
촬영: 존 러셀
편집: 루이스 린제이
출연: 오슨 웰스, 지네트 놀란, 로디 맥도웰 (86분)

B급 영화 전문 회사인 리퍼블릭사에서 단 3주만에 촬영을 마치는 등 초고속으로 만든 작품. 빠듯한 촬영 스케줄로 인해 웰스는 배우들에게 미리 대사를 녹음하게 하고 촬영장에서는 그것에 맞춰서 연기하게 하는 방법을 썼다고 한다. 조악한 세트를 사용할 수밖에 없었던 이 연극적인 영화는 맥베스가 살았던 시대의 원시적인 활력이 잘 살아난다는 평을 듣는다.

이 영화의 제작에 관여했던 리처드 윌슨은 이 영화를 가리켜 "할리우드 스튜디오 시스템 아래서 제작된 가장 위대한 실험적인 미국 영화"라고 말하기도 한다. 하지만 〈맥베스〉는 개봉 당시 제작사의 몰이해 때문에 '수난' 받은 또 하나의 웰스 영화였다. 원래 쓰인 스코틀랜드 방언은 재더빙되면서 미국식 영어로 바뀌었고 또 20분 가량이 잘려 나가면서 80여분짜리 영화로 미국에서 개봉되었던 것. 현재에는 배우들이 스코틀랜드 방언으로 말하는 107분짜리 복원판이 나와 있다.

오셀로
Othello 1952

각본: 오슨 웰스
촬영: 안치스 브리지, 조지 판토 외
편집: 장 사샤
미술: 알렉산드로 트로네
출연: 오슨 웰스, 마이클 맥리아모르, 수잔 클루티에 (91분)

셰익스피어 원작의 비극을 스크린 위에 옮겨 낸 작품으로 '결함이 있는 파워맨'이라는 전형적인 웰스적 영웅에 대한 이야기를 전한다. 웰스는 스릴러적인 접근 방식 위에 숙명의 분위기를 덧댐으로써 이 이야기를 생생하게 살아 있는 비극으로 만들고자 했다. 특히 환각적인 시각 스타일은 주인공 오셀로의 내적인 고통을 생생하게 살려 낸다.

　〈오셀로〉는 악조건 속에서도 영화를 완성해 낸 웰스의 놀랄만한 집념이라는 측면에서도 자주 언급되는 영화이다. 제작 기간 내내 만족할만한 조건을 확보하지 못한 웰스는 4년에 이르는 기간 동안 베니스, 로마, 모로코 등지를 전전하며 영화를 찍었는데, 그래서 배우들을 한데 모으지 못하는 '공백'을 편집으로 훌륭하게 메웠던 것이다. 목욕탕에서의 살인 장면 같은 경우는 의상이 제시간에 갖춰질 수 없게 되자 즉흥적으로 결정된 것도 유명한 일화이다. 칸 영화제에서 황금종려상을 수상한 이 작품을 두고 앙드레 바쟁은 웰스의 작품들 가운데 가장 개성적인 것이라고 평가했다.

각본: 오슨 웰스
촬영: 장 부르고인
편집: 렌조 루시디
출연: 오슨 웰스, 로버트 아튼, 파올라 모리, 아킴 타미로프 (86분)

'펄프 픽션판 〈시민 케인〉'이라 할 만한 작품이다. 기억 상실에 걸렸음을
주장하는 어느 거부가 젊은 모험가에게 자신의 과거를 알아 내 달라고 의뢰
한다. 사실 그의 의도는 젊은 시절 자신의 범죄 사실을 아는 사람을 알아
내 죽이려는 데 있었다. 하지만 그는 자신의 외동딸에게만은 결코 이 사실
을 알릴 수 없었고 결국 파멸을 맞이하고 만다.

　　아집이 강하고 사악하며 흉물스럽기까지 한 아카딘은 웰스적 영웅의
모든 것을 합쳐 놓은 것 같은 인물이다. 그가 파티석상에서 말하는 유명한
'전갈과 개구리의 우화'는 마치 웰스적 영웅에 대한 우의처럼 들린다. (전
갈이 개구리에게 강을 건너도록 해 줄 것을 부탁한다. 물릴 것을 걱정한 개
구리가 주저하자 "자네를 물면 나도 죽게 되는 데 그럴 리가 있겠나" 하고
설득한다. 하지만 강을 건너는 도중 전갈은 개구리를 물고 만다. 개구리가
"이건 말이 되지 않는 일 아닌가?"라고 묻자 전갈은 말한다. "어쩔 수 없었
네. 이것이 내 천성인 걸 어떡하나.")

악의 손길
Touch of Evil   1958

각본: 오슨 웰스(원작: 휘트 매스터슨의 소설)

촬영: 러셀 메티

편집: 버질 보겔

음악: 헨리 맨시니

출연: 오슨 웰스, 찰턴 헤스턴, 자넷 리, 조셉 캘레이아 (108분)

웰스가 참으로 오랜만에 할리우드로 돌아와 만든 필름 느와르. 주연인 찰턴 헤스턴의 도움으로 감독을 맡게 되었다는 일화가 있다. 미국과 멕시코의 국경 지역에서 일어난 살인 사건을 놓고 미국 경관과 멕시코 경관이 갈등을 빚게 된다. 국가 간, 인종 간, 남녀 간에 걸친 경계선 넘기 *border crossing* 의 모티브를 뛰어나게 활용한 작품이다. 멕시코 경관 바르가스 역을 맡은 찰턴 헤스턴이 주인공인 영화지만 사악한 미국 경관 행크 퀸랜 역을 맡은 웰스의 캐릭터가 너무 강하다 보니 결국 웰스 자신에 관한 영화가 되어 버렸다. 오프닝의 3분이 넘는 트래킹 숏은 지금도 인구에 회자되는 명장면이다.

심판
The Trial 1962

각본: 오슨 웰스 (원작: 카프카의 소설)
촬영: 에드먼드 리처드
편집: 이본느 마틴
출연: 오슨 웰스, 앤터니 퍼킨스, 잔느 모로, 로미 슈나이더 (120분)

유고의 자그레브와 파리에서 촬영된 작품으로 카프카의 소설을 원작으로
한 영화 가운데 가장 뛰어난 작품의 하나로 꼽힌다. 수백 명의 타이피스트
들이 들어찬 거대한 사무실 그리고 역시 방청객들이 엄청나게 들어찬 재판
소 등 관료화한 사회를 보여 주는 장면들은 지금 보아도 섬짓하다. 병적인
심리를 시각적으로 묘사하는 데 있어 웰스를 당할 사람이 없다는 것을 다시
금 확인시켜 준다. 결말은 소설과 다소 다른데, 이는 그가 원작에 담긴 패
배주의를 아주 싫어했기 때문이라고 한다.

　〈심판〉을 만든 경험에 대해 웰스는 〈시민 케인〉 이후 처음으로 자신
이 '보스boss'가 된 느낌이라고 말한 적이 있다. 이 영화에서 웰스는 자신
의 다른 어떤 영화에서보다 더 많은 예술적 통제력을 행사할 수 있었던 것
인데, 그 때문에 그는 이 영화를 가장 좋아하는 자신의 영화 가운데 하나로
꼽곤 했다.

각본: 오슨 웰스 (《리처드 2세》, 《헨리 4세》 등 셰익스피어의 여러 작품을 수재로 함)
촬영: 에드먼드 리처드
편집: 프리츠 뮐러
출연: 오슨 웰스, 키스 백스터, 존 길거드, 잔느 모로, 마리나 블라디 (115분)

웰스 자신이 오래 전부터 영화화하려 했던 프로젝트로 스페인에서 촬영되었다. 셰익스피어의 전 작품을 통털어 가장 흥미로운 폴스타프라는 캐릭터를 그는 자신의 비전에 입각해 훌륭하게 해석해 낸다. 의문의 여지 없이 그의 후기 경력에서 최고의 걸작이라 할 만하다. 사람 좋은 존 폴스타프가 나중에 헨리 5세가 되는 영국 왕자 헬을 데리고 유희적인 삶을 가르쳐 주지만 결국 그가 왕이 되면서 버림받는다는 이야기. 셰익스피어에서는 헬이 근엄한 왕이 되기 위해 이 과정이 불가피한 것으로 묘사되지만 웰스의 작품에서는 폴스타프가 대변하던 어떤 시대의 종말로 그려진다. 삶이 아직 관리되지 않았던 시대에 대한 웰스의 깊은 향수가 배어 있는 작품이다.

불멸의 이야기
Immortal Story 1968

각본: 오슨 웰스(원작: 이작 디네센의 소설)
촬영: 윌리 쿠란
편집: 올란드 모레트
출연: 오슨 웰스, 잔느 모로, 로저 코지오 (60분)

웰스가 프랑스 국영 방송에서 제작 자금을 마련해 만든 작품. 마카오에 사
는 늙은 사업가가 자신의 재력을 이용해 오래 전부터 들어 오던 이야기를
실현시키려고 한다는 줄거리. 어느 선원이 돈 많은 사내로부터 5기니를 줄
테니 그의 아내와 자 달라는 제안을 받는다는 흔하디 흔한 이야기 말이다.
그래서 그는 자신의 서기를 시켜 이 이야기를 '실연할' 사람들을 모으도록
한다. 말하자면 이야기를 실제로 살아 보겠다는 집념에 관한 영화라 할 수
있다. 예전 영화만큼 활력이 없다는 비판을 받기도 했지만 이야기와 현실의
관계에 대한 웰스의 말년의 관심이 잘 드러나는 영화다. 그 명상적인 톤과
담백한 스타일 탓에 칼 드레이어의 말년의 걸작인 〈게르트루드〉에 비견되
기도 한다.

거짓과 진실
F for Fake　　　　　　　　　　1974

가본: 오슨 웰스
촬영: 개리 그레이버, 크리스챵 오다소
편집: 오슨 웰스
음악: 미셸 르그랑
출연: 오슨 웰스, 오야 코다르, 엘미르 드 호리, 클리포드 어빙 (85분)

프랑수아 라이헨바흐가 만든 그림 위조꾼 엘미르 드 호리에 관한 다큐멘터
리를 토대로 웰스가 다시 편집해 만든 영화. 흔히 '가짜 다큐멘터리'의 원
조로 꼽히는 영화다. 전반부에는 드 호리와 역시 하워드 휴즈의 가짜 전기
를 썼던 클리포드 어빙에 관한 영화처럼 보이다가 후반부로 가면서 결국 모
든 예술은 '눈속임'이 아니겠는가 하는 생각이 드러난다. 웰스는 자기 자신
도 '사기꾼'이었다고 자백하는 것이다. 그러면서 자신의 파트너인 오야 코
다르가 파블로 피카소를 유혹해 그림을 그리도록 했음을 절묘한 편집으로
― 다시 말해서 눈속임으로 ― 보여 준다. 일부에서는 '너무 안이한 작품'
이라는 비판을 받기도 했으나 웰스의 창작 행위에 대한 통찰이 없었다면 나
올 수 없었던 작품임에 틀림없다.

오셀로 촬영기
Filming Othello   1978

대본: 오슨 웰스
촬영: 게리 그레이버(컬러 부분)
촬영: 오슨 웰스, 마이클 맥리아모어, 힐튼 에드워즈 (90분)

무비올라 앞에서 오슨 웰스가 무려 4년이란 세월이 소요된 〈오셀로〉 촬영에서의 물리적·재정적 어려움들을 털어 놓는다. 한편, 여기에는 〈오셀로〉에 출연했던 마이클 맥리아모어와 힐튼 에드워즈와 웰스가 대담을 나누는 장면들도 삽입되어 있다. 〈오셀로 촬영기〉는 1974년 독일의 한 TV 방송사에서 웰스를 찾아감으로써 성사된 프로젝트이다. 웰스의 영화 〈오셀로〉를 방송에 내보내길 원했던 이 방송사에서는 그 영화를 만드는 것에 대한 부대 프로그램이 있었으면 좋겠다고 생각했고, 웰스가 그 제안을 받아들여 만들어지게 된 것이다. 스토리보드도 직접 만든 웰스 자신은 〈오셀로 촬영기〉 작업을 아주 즐겁게 했고, 1981년에 그 속편격으로 〈심판 촬영기 *Filming the Trial*〉 작업을 시작했으나 완성하지는 못했다.

이츠 올 트루
It's All Ture   1993

감독: 리저느 웰슨, 마이론 메이즐, 빌 그론
촬영: 개리 그레이버(컬러 부분)
음악: 호르헤 아리아가타
내레이터: 미구엘 페러 (86분)

1941년 웰스는 미 정부로부터 미국과 라틴 아메리카의 선린 관계를 공고히 하는데 도움을 줄 수 있는 선전 영화를 만들어달라는 요청을 받았다. 멕시코, 브라질, 미국에서 촬영한 한 편의 영화를 만듦으로써 그 나라들이 아메리카란 하나의 행복한 대륙에 속하며 동시에 나치에 반대한다는 것을 보여주자는 취지였다. 1942년 2월 웰스는 브라질로 떠나 카니발 현장을 카메라에 담기 시작했다. 그러나 이 프로젝트는 〈위대한 앰버슨 가〉의 흥행 실패에 실망한 RKO쪽에서 지원을 중단하면서 완성되지 못했다. 웰스가 찍었던 잠자던 필름들은 1985년 파라마운트사의 창고에서 기적적으로 발견되었고, 결국 1993년에 복원되어 완성을 보게 되었다. '내 친구 보니토,' '네 남자와 뗏목,' '삼바의 이야기,' 세 파트로 구성된 영화는 1994년 베를린 영화제에서 첫선을 보였고, 빈센트 캔비로부터 "한 영화적 전설에 대한 길고도 유혹적인 주석"이라는 호평을 받았다.

▶ 출연 작품

1943   공포로의 여행 *Journey into Fear* (노만 포스터 감독, 오슨 웰스 제작)

제인 에어 *Jane Eyre* (로버트 스티븐슨 감독)

1944   소년들을 따르라 *Follow the Boys* (에드워드 서덜랜드 감독)

1945   내일은 영원하다 *Tomorrow Is Forever* (어빙 피첼 감독)

1947   백주의 결투 *Duel in the Sun* (내레이터, 킹 비더 감독)

흑마술 *Black Magic* (그레고리 래토프 감독)

1948   여우들의 공주 *Prince of Foxes* (헨리 킹 감독)

1949   제3의 사나이 *The Third Man* (캐롤 리드 감독)

1950   흑장미 *The Black Rose* (헨리 해서웨이 감독)

1953   트렌트의 최종 사건 *Trent's Last Case* (허버트 윌콕스 감독)

베르사이유 왕실 사건 *Si Versailles m'était conté / Royal Affairs in Versailles* (사샤 기트리 감독)

인간, 야수 그리고 미덕 *L'Uomo, la Bestia e la Virtù* (스테파노 반지나 감독)

1954   나폴레옹 *Napoléon* (사샤 기트리 감독)

협곡에서의 소동 *Trouble in the Glen* (사샤 기트리 감독)

1955   세 가지 살인 사건 *Three Cases of Murder* (세 가지 에피소드 가운데 조지 모어 오페럴 감독 에피소드)

1956   백경 *Moby Dick* (존 휴스턴 감독)

숲의 주인 *Lords of the Forest* (내레이터, 헨리 브랜트와 하인츠 시엘만 감독)

1957   어둠 속의 사나이 *Man in the Shadow* (잭 아놀드 감독)

길고 뜨거운 남자 *The Long Hot Summer* (마틴 리트 감독)

1958   천국의 보금자리 *The Roots of Heaven* (존 휴스턴 감독)

바이킹 *The Vikings* (내레이터, 리처드 플레이셔 감독)

1959   강박 *Compulsion* (리처드 플레이셔 감독)

다윗과 골리앗 *David e Golia / David and Goliath* (리처드 포티어, 페르디난도 발디 감독)

홍콩행 페리 *Ferry to Hong Kong* (루이스 길버트 감독)

황홀한 여행 *High Journey* (내레이터, 피터 베일리스 감독)

남쪽 바다에서의 모험 *South Seas Adventure* (내레이터, 칼 더들리 감독)

1960   아우스털리츠 *Austerlitz* (아벨 강스 감독)

거울의 깨진 틈 *Crack in the Mirror* (리처드 플레이셔 감독)

타타르 인들 *Tartari / The Tartars* (리처드 소프 감독)

1961   왕 중 왕 *King of Kings* (내레이터, 니콜라스 레이 감독)

라파예트 *Lafayette* (장 드레빌 감독)

1962   대양 *River of the Ocean* (내레이터, 피터 베일리스 감독)

1963   귀빈들 *The VIPs* (앤소니 애스퀴스 감독)

로고팍 *RoGoPaG / Laviamoci il Cervello* (옴니버스 영화 가운데 피에르 파올로

파졸리니 감독 에피소드)

가장 멋진 시간 *The Finest Hours* (내레이터, 피터 베일리스 감독)

1964   마르코 폴로의 멋진 모험 *La Fabuleuse Aventure de Marco Polo / The Fabulous*

Adventures of Marco Polo/Marco the Magnificent! (드니 드 라 파틀리예르, 노엘

하워드 감독)

1966   파리는 불타고 있는가? *Is Paris Burning? / Paris brûle – t – il?* (르네 클레망 감독)

사계절의 사나이 *A Man for All Seasons* (프레드 지너만 감독)

1967   카지노 로얄 *Casino Royale* (조셉 맥그레스 감독 에피소드)

지브롤터에서 온 선원 *The Sailor from Gibraltar* (토니 리처드슨 감독)

이름은 절대 잊지 않을 거예요 *I'll Never Forget What's name* (마이클 위너 감독)

1968   오이디푸스 왕 *Oedipus the King* (필립 사빌 감독)

카드로 지은 집 *House of Cards* (존 길러민 감독)

1969   최후의 로마인 *Der Kampf um Rom / The Last Roman* (로버트 시오드맥 감독)

남쪽의 별 *L'Etoile du Sud / The Southern Star* (시드니 헤이어스 감독)

네레트바 전투 *Bitka na Neretvi / The Battle of River Neretva* (벨리코 불라익 감독)

1970   크레믈린 문서 *The Kremlin Letter* (존 휴스턴 감독)

　　　　내가 없어도 혁명을 일으켜라 *Start the Revolution Without Me* (버드 요킨 감독)

　　　　12+1 / *Una su Tredici* (니콜라스 게스너 감독)

　　　　캐치 22 *Catch - 22* (마이크 니콜스 감독)

　　　　암초 위에서 *Upon This Rock* (해리 래스키 감독)

　　　　워털루 *Waterloo* (세르게이 본다르추크 감독)

　　　　피와 총 *Viva la Revolución / Tepepa / Blood and Guns* (줄리오 페트로니 감독)

　　　　불 피우기 *To Build a Fire* (내레이터, 데이비드 콥햄 감독)

1971   안전한 장소 *A Safe Place* (헨리 재글롬 감독)

　　　　10일 간의 경이 *La Décade Prodigieuse / Ten Day's Wonder* (클로드 샤브롤 감독)

　　　　침묵의 파수꾼들 *Sentinels of Silence* (내레이터, 로버트 앰램 감독)

　　　　존 포드 *Directed by John Ford* (내레이터, 피터 보그다노비치 감독)

1972   말페르티우스 *Malpertius* (해리 쿠멜 감독)

　　　　네 토끼와 가까워지다 *Get to Know Your Rabbit* (브라이언 드 팔마 감독)

　　　　강신술 *Necromancy / The Witching / Rosemary's Disciples* (버트 고든 감독)

　　　　보물섬 *Treasure Islands* (존 휴 감독)

　　　　십자가에 못 박힌 그리스도 *Crucifixion* (내레이터, 로버트 구에네트 감독)

1973   미래의 충격 *Future Shock* (내레이터, 알렉스 그래스호프 감독)

1975   벅스 바니 슈퍼스타 *Bugs Bunny Superstar* (내레이터)

1976   저주받은 자들의 항해 *Voyage of the Damned* (스튜어트 로젠버그 감독)

　　　　위대한 도전 *The Challenge of Greatness* (내레이터, 허버트 클라인 감독)

1979   더블 맥거핀 *The Double McGuffin* (조 캠프 감독)

　　　　머펫 무비 *The Muppet Movie* (제임스 프롤리 감독)

　　　　죽어버린 지구 *The Late, Great Planet Earth* (내레이터, 로버트 앰램 감독)

1980   죽기 살기로 버티다 *Going for Broke / Never Trust an Honest Thief* (조지 맥고원 감독)

　　　　니콜라 테슬라의 비밀 *Tajna Nikole Tesle / The Secret of Nikola Tesla* (크르스토 파
　　　　픽 감독)

1981   세계사 1부 *History of the World - Part I* (내레이터, 멜 브룩스 감독)

　　　　나비 *Butterfly* (매트 심버 감독)

　　　　내일을 본 남자 *The Man Who Saw Tomorrow* (내레이터, 로버트 구에네트 감독)

대학살 *Genocide* (내레이터, 아놀드 슈와츠맨 감독)

1984   슬랩스틱 *Slapstick (Of Another Kind)* (내레이터, 스티븐 폴 감독)

파르시팔은 어디 있는가? *Where is Parsifal?* (헨리 헬만 감독)

1987   사랑할 사람 *Someone to Love* (헨리 재글롬 감독)

주요 문헌

Anderegg, Michael. "Orson Welles as Performer," *Persistence of Vision*, No. 7, 1989.

Andrew, Dudley. "Echoes of Art: The Distant Sounds of Orson Welles," *Film in the Aura of Art*, Princeton University Press, 1984.

Arthur, Paul. "Reviving Orson: or Rosebud, Dead or Alive," *Cinease*, Vol. XXV., No. 3.

Bates, Robin. "Fiery Speech in a World of Shadows: Rosebud's Impact on Early Audiences," *Cinema Journal*, Winter 1987.

Bazin, André, with Charlse Bitsch. "Entretien avec Orson Welles," *Cahiers du Cinéma*, June 1958, and (with Jean Domarchi) "Nouvel Entretien avec Orson Welles," September 1958 (영어판은 Terry Comito 의 *Touch of Evil* 에 실려 있음).

————. *Orson Welles*, Edition Cerf, 1972. (영어판 *Orson Welles: A Critical View*, Harper & Row, 1978).

Beja, Morris (ed.). *Perspectives on Prson Welles*, G. K. Hall, 1995.

Benamou, Catherine. "It's All True as Document/Event: Notes Towards an Historiographical and Textual Analysis," *Persistence of Vision*, No. 7, 1989.

Bessy, Maurice. *Orson Welles*, Editions Seghers, 1970. (영어판 trans. by Ciba Vaughan, Crown, 1971.)

Bogdanovich, Peter. *The Cinema of Orson Welles*, The Museum of Modern Art, 1961.

————. "Is It True What They Say About Orson?" *The New York Times*, August 30, 1970.

————. "The *Kane* Mutiny," *Esquire*, October 1972.

Brady, Frank. *Citizen Welles: A Biography of Orson Welles*, Charles Scribner's Sons, 1989.

Callow, Simon. *Orson Welles: The Road to Xanadu*, Jonathan Cape, 1995.

Carringer, Robert. *The Making of Citizen Kane*, University of California Press, 1985.

————. *The Magnificent Ambersons: A Reconstruction*, University of California Press, 1993.

Cobos, Juan, Miguel Rubio & Jose Antonio Pruneda. "Voyage au pays de Don Quixote," *Cahiers du Cinéma*, April 1965. (영어판 trans. by Rose Kaplin, "A Trip to Don

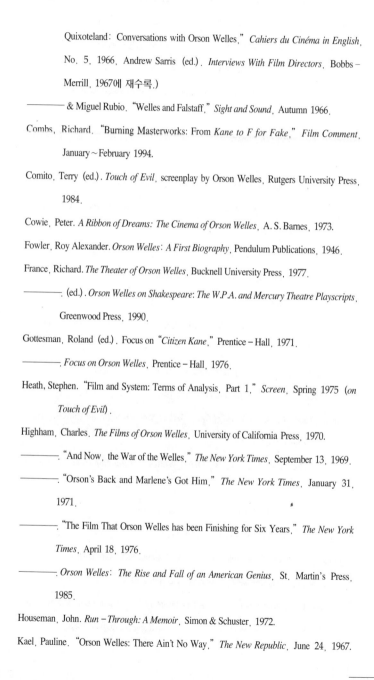

Quixoteland: Conversations with Orson Welles," *Cahiers du Cinéma in English*, No. 5, 1966, Andrew Sarris (ed.). *Interviews With Film Directors*, Bobbs – Merrill, 1967에 재수록.)

————— & Miguel Rubio. "Welles and Falstaff," *Sight and Sound*, Autumn 1966.

Combs, Richard. "Burning Masterworks: From *Kane to F for Fake*," *Film Comment*, January~February 1994.

Comito, Terry (ed.). *Touch of Evil*, screenplay by Orson Welles, Rutgers University Press, 1984.

Cowie, Peter. *A Ribbon of Dreams: The Cinema of Orson Welles*, A. S. Barnes, 1973.

Fowler, Roy Alexander. *Orson Welles: A First Biography*, Pendulum Publications, 1946.

France, Richard. *The Theater of Orson Welles*, Bucknell University Press, 1977.

—————. (ed.). *Orson Welles on Shakespeare: The W.P.A. and Mercury Theatre Playscripts*, Greenwood Press, 1990.

Gottesman, Roland (ed.). Focus on *"Citizen Kane,"* Prentice – Hall, 1971.

—————. *Focus on Orson Welles*, Prentice – Hall, 1976.

Heath, Stephen. "Film and System: Terms of Analysis, Part 1," *Screen*, Spring 1975 (*on Touch of Evil*).

Highham, Charles. *The Films of Orson Welles*, University of California Press, 1970.

—————. "And Now, the War of the Welles," *The New York Times*, September 13, 1969.

—————. "Orson's Back and Marlene's Got Him," *The New York Times*, January 31, 1971.

—————. "The Film That Orson Welles has been Finishing for Six Years," *The New York Times*, April 18, 1976.

—————. *Orson Welles: The Rise and Fall of an American Genius*, St. Martin's Press, 1985.

Houseman, John. *Run – Through: A Memoir*, Simon & Schuster, 1972.

Kael, Pauline. "Orson Welles: There Ain't No Way," *The New Republic*, June 24, 1967.

(Pauline Kael. *Kiss Kiss Bang Bang*, Little, Brown, 1968에 재수록.)

—————. (ed.), *The Citizen Kane Book*, Little Brown, 1971.

Leaming, Barbara. *Orson Welles: A Biography*, Viking Press, 1985.

Lyons, Bridget Gellert (ed.), *Chimes at Midnight*, Rutgers University Press, 1988.

MacLiammóir, Micheál. "Orson Welles," *Sight and Sound*, July – September 1954.

—————. *Put Money in Thy Purse*, Columbus Books, 1988.

McBride, Joseph. "Le Grand Cinéaste: Welles at 52," *The Daily Cardinal*, University of Wisconsin, July 7, 1967.

—————. "Orson Welles Returns from Obscurity," *The Wisconsin State Journal*, September 14, 1970.

—————. "Rough Sledding with Pauline Kael," Film Heritage, Fall 1971.

—————. "AFI Presents Orson Welles Its Third Life Achievement Award," *Daily Variety*, February 11, 1975.

—————. "The Other Side of Orson Welles," *American Film*, July ~ August, 1976.

—————. *Orson Welles, Actor and Director*, Harvest Books, 1977.

—————. "All's Welles," *Film Comment*, November ~ December 1978.

—————. "Welles' 'Ambersons': Mutilated yet magnificent," *Daily Variety*, July 23, 1992.

—————. *Orson Welles* (revised and expanded Edition), Da Capo Press, 1996.

Mulvey, Laura, *Citizen Kane*, BFI Film Classics, 1982.

Naremore, James. *The Magic World of Orson Welles*, Southern Methodist University Press, 1978 (revised ed. 1989).

—————. "The Trial: The FBI vs. Orson Welles," *Film Comment*, January ~ February 1991.

Noble, Peter. *The Fabulous Orson Welles*, Hutchinson, 1956.

Persistence of Vision, no. 7 (1989), 오슨 웰스 특집.

Rosenbaum, Jonathan. "The Voice and the Eye: A Commentary on the *Heart of Darkness* Script," *Film Comment*, November ~ December 1972.

—————. "The Invisible Orson Welles: A First Inventory," *Sight and Sound*, Summer 1986.

—————. "Wellesian: Quixote in a trashcan," *Sight and Sound*, Autumn 1988.

————. "Orson Wells Essay and Films and Documentary Fictions: A Two-Part Speculation," *Cinematograph*, No. 4, 1991, reprinted in Rosenbaum's collection *Placing Movies: The Practice of Film Criticism*, University of California Press, 1995.

————. "The Seven Akadins," *Film Comment*, January~February 1992.

————. "*Othello* Goes Hollywood," *The Chicago Reader*, April 10, 1992, *Placing Movies* 에 재수록.

————. with Bill Krohn, "Orson Welles in the U.S.: An Exchange," *Persistence of Vision*, No. 11, 1995.

————. *Movie Wars: How Hollywood and the Media Conspires to Limit What Films We Can See*, A Cappella Books, 2000.

Sartre, Jean-Paul. "*Citizen Kane*," (trans.). Dana Polan, *Post Script*, Fall 1987.

Stainton, Audrey. "*Don Quixote*: Orson Welles's Secret," *Sight and Sound*, Autumn 1988.

Stam, Robert. "Orson Welles, Brazil and the Power of Blackness," *Persistence of Vision*, No. 7, 1989.

Thomson, David. "Orson Welles and *Citizen Kane*," in *America in the Dark*, William Morrow, 1977.

Thomson, David. *Rosebud: the Story of Orson Welles*, Vintage Books, 1996.

Tynan, Kenneth. "Playboy Interview: Orson Welles," *Playboy*, March 1967.

Welles, Orson. "My Father Wore Black Spats" and "A Brief Career as a Musical Prodigy," *Paris Vogue*, December 1982-January 1983.

————. *The Cradle Will Rock: An Original Screenplay*, edited and introduced by James Pepper, afterword by Jonathan Rosenbaum, Santa Teresa Press, 1994.

————. *The Big Brass Ring: An Original Screenplay*, screenplay with Oja Kodar, preface by James Pepper, afterword by Jonathan Rosenbaum, Santa Teresa Press, 1987.

————. "*Touch of Evil*: Orson Welles' Memo to Universal," with introduction by Jonathan Rosenbaum, *Film Quarterly*, Fall 1992.

———— & Peter Bogdanovich. *This is Orson Welles*, Jonathan Rosenbaum (ed.),

Harper Collins, 1992.

Wilson, Richard. "It's Not *Quite* All True." *Sight and Sound*, Autumn 1970.

Wollen, Peter. "Citizen Kane." *Readings and Writings*, Verso, 1982.

Wood, Bret. *Orson Welles: A Bio – Bibliography*, Greenwood Press, 1990.

. "Recognizing *The Stranger*." *Video Watching*, May~July 1994.

──────. "Kiss Hollywood Goodbye: Orson Welles and *The Lady from Shanghai*." *Video Watching*, May~July 1994.

Wood, Robin. "Welles, Shakespeare and Webster: *Touch of Evil*." in *Personal Views: Explorations in Film*, Gordon Fraser, 1976.

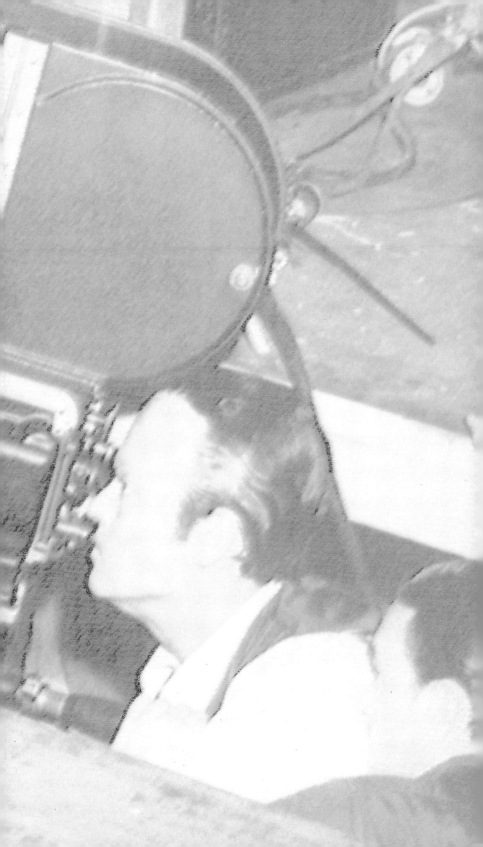